はじめに INTRODUCTION

　この本には、普通の四角い箱はあまり載っていません。三角だったりハートだったりパンダだったり。開くと2枚の平らな紙に戻ってしまう箱もあります。伸び縮みする箱もあります。でも、ちゃんとふたのできる実用的な箱ばかりです。すっきり折れてぴったりはまる、折って楽しい作品になるように、何度も何度も作り直して工夫を重ねました。ぜひ折って、暮らしの中でお役立てください。

　初心者の方は最初に伝承の「ます」を折って、箱の基本をマスターするとよいでしょう。箱の折り紙は立体にするのが難しいですが、そこが醍醐味でもあります。
　立体にするコツは、3つあります。
　1つ目は、折り目をしっかりつけることです。それだけで折り紙が上達しますし、仕上がりもきれいになりますよ。
　2つ目は、折り目の山と谷を正しくつけることです。紙の裏表や図の記号をよく見て、折り図の通りに折り目をつけてくださいね。
　3つ目は、コシのある紙を使うことです。うまく立体にならないときは、少し固めの紙に変えてみるとうまくいくことがあります。ただし、折り目をしっかりつけるのは少し大変になりますが。
　そして、平らな形から立体にする前に、どこが底でどこが側面になるのか、図と照らし合わせて考えてみてください。できれば底になる部分などを囲って印をつけてみましょう。たったこれだけのことで、立体にする作業がぐんと楽になります。

　かわいい箱ができたら、中にキャンディーでも入れて誰かにプレゼントしてみてはいかがでしょうか。きっと喜んでもらえることでしょう。手から手へ、折り方を伝えていただければ幸いです。折り紙の箱から、あなたのまわりに、たくさんの楽しさが広がりますように。

2016年春

山梨明子

もくじ CONTENTS

はじめに		2

この本で使われている記号		29
中割り折りとかぶせ折り		30
3等分の方法		30

	作品	折り図
1枚折りの箱	4	31
伝承のます	4	31
小さなギフトBOX	5	34
シンプルケース	6	36
かちっとBOX	7	38
三角BOX	8	41
八角BOX	9	44

	作品	折り図
2枚組みの箱	10	46
スライドBOX	10	46
ニンジャBOX	10	48
サークルBOX	11	50
2枚組みキューブBOX	11	52
耳つきBOX	12,13	55
ぐるぐるBOX	14	59

	作品	折り図
キャラクターBOX	15	62
兜BOX	15	62
ペンギンBOX	16	66
パンダBOX	16	68
小鳥BOX（ひよこBOX）	16	72
かんたんサンタBOX	17	75
ニワトリBOX	17	76

	作品	折り図
いろいろな形の箱	18	78
WますBOX	18,19	78
ポケットつきWますBOX	19	82
引き出しBOX	20	84
富士山BOX	21	90
ハウスBOX	22	93
ツリーBOX	23	96
ハートBOX	24	100
シェルBOX	25	104
スターBOX（六角）	26	106
スターBOX（五角）	26	109

<コラム>

余分な折りすじの入らない折り方・1	33
用紙選びのポイント	37
白銀比の確かめ方と切り方	43
ワックスペーパーの作り方	51
余分な折りすじの入らない折り方・2	71
つまみ折りのいろいろ	74

おわりに	111

1枚折りの箱 1 SHEET BOX

伝承のます
MASU BOX p.31

箱の折り紙の基本となるのが、伝承折り紙の「ます」。それをベースに、同じ折り方で、ぴったり合うふたをつけました。深い箱や浅い箱、キューブ型の箱なども、自由自在。いろいろな形の箱を折ってみてください。

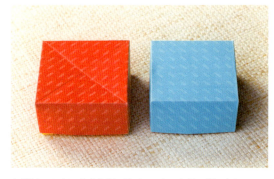

右側は、ふたに余分な折り目がつかない方法で折ったもの。

小さなギフトBOX p.34
SMALL GIFT BOX

箱の本体とふたが、1枚折りで簡単にできます。しっかり閉じてパッと開くので、小さなプレゼントにぴったり。開けた人が驚く顔を想像しながら折ってみましょう。

シンプルケース p.36
SIMPLE CASE

1枚の紙でふたまで折れるかわいいパッケージを、イタリア製の型染め紙で折ってみました。水玉やストライプの紙でポップに、千代紙柄の折り紙で和風になど、紙によってガラリと雰囲気が変わりますよ。

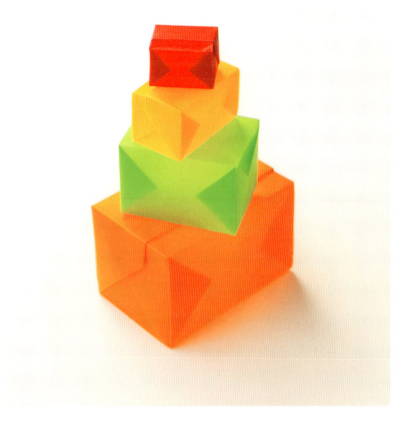

かちっとBOX p.38
SNAP BOX

ふたを閉じるとカチッとロックされる不思議な箱。用紙を変えると、細長い箱、キューブの箱など、いろいろな形にすることができます。下の写真の作品は、ろう引きのカラーコピー用紙で作りました。ろう引きの方法は51ページでご紹介します。

三角BOX
PYRAMID BOX p.41

A5サイズ、B6サイズなどの長方形の紙で折る、三角形のパッケージです。きれいなチラシや絵葉書などで折っても楽しいですよ。

八角BOX
OCTAGONAL BOX p.44

紙の裏の色がふたに出ます。ぜひ、裏表の色が違う紙で折ってみてください。

2枚組みの箱 2 PIECE BOX

スライドBOX
SLIDE BOX　p.46

左右をスッと引くと開きます。紙の裏の色が中央に出てアクセントになっています。

ニンジャBOX
NINJYA BOX　p.48

忍者の手裏剣のような形から名前をつけました。色や模様の違う紙で2つのパーツを折り、組み合わせます。

サークルBOX
CIRCLE BOX p.50

ニンジャBOXの折り目を曲線にしたもの。
この曲線をつけたものは何でしょう?
答えは50ページをご覧ください。

2枚組みキューブBOX
2 PIECE CUBE BOX p.52

「かちっとBOX」の2枚組みバージョン。これも、ふたにロックがかかる構造です。

耳つきBOX
EARED BOX p.55

入れたいものに合わせて、形や大きさを自由自在に変えられます。
開けると、本体もふたも1枚の平らな紙に戻ります。

上の箱のふたを閉じたところ。

スクラップ・ブッキングの台紙で折りました。
厚みのある大判の紙なので、手作りケーキを
入れるのにもぴったりです。

ぐるぐる BOX
GURUGURU BOX　p.59

ビンのふたのように、ねじって閉める不思議な箱。
箱根の寄木細工模様の紙と、木目模様をプリントした紙で折ってみました。

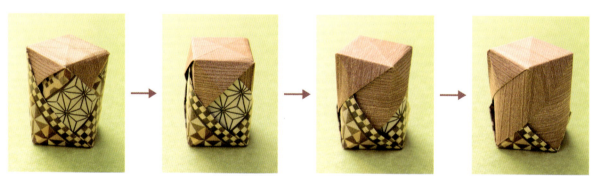

ふたをぐるぐる回すと、紙の表情が変わっていきます。

開けたところ。2つのパーツのうち、
どちらが本体で、どちらがふたでも
OKです。

キャラクターBOX　CHARACTER BOX

兜BOX　p.62
KABUTO BOX
端午の節句に飾る伝承折り紙の「兜」？
いいえ、これもやっぱり箱なんです。

ふたを開けたところ。

パンダ BOX p.68
PANDA BOX

パンダの白黒をうまく出すため、外箱を2枚重ねで折っています。

小鳥 BOX（ひよこ BOX） p.72
SMALL BIRD BOX

こちらも外箱は2枚重ねです。小さな黄色い紙で折れば、ニワトリBOXのひよこになります。

ペンギン BOX p.66
PENGUIN BOX

ペンギンの外箱は1枚なので、比較的やさしく折れます。兜BOXが折れたら、次はこのペンギンBOXを折ってみましょう。

かんたんサンタBOX p.75
SIMPLE SANTA BOX

とっても簡単に折れるサンタさん。背中には白い袋も背負っていますが、プレゼントはお腹の中に入れて下さいね。

ニワトリBOX p.76
HEN BOX

外箱がニワトリ、内箱は白い卵に見立てています。

卵の中には小さなひよこが…。このひよこは、小鳥BOXを小さく折ったものです。

いろいろな形の箱　VARIOUS SHAPES

WますBOX
DOUBLE MASU BOX　p.78

ますBOXを応用して長方形の箱にしてみました。細長い箱や深さのある箱など、いろいろなバリエーションを楽しむことができます。しかも…伸びるんです！

本体も箱も、左右に引くと、
伸びて長い箱になります。

WますBOXのバリエーション。
長い箱と、長くて深い箱です。

ポケットつきWますBOX p.82
DOUBLE MASU BOX WITH POCKET

WますBOXとは、ふたの折り方が違います。ふたにポケットがついていますから、メモやカードをはさんでプレゼントにしてもいいですね。

引き出しBOX
DRAWER BOX p.84

糊を使わずに何段でも組み合わせることができます。アクセサリー入れや小さな物の仕分けにも便利な、実用的な引き出しです。

富士山BOX
MT. FUJI BOX p.90

雪をいただいた富士山。雪の部分がふたになります。
外国の方へのプレゼントに、いかがでしょうか?

ハウスBOX p.93
HOUSE BOX

家の屋根がふたになります。イベントの案内チラシで折ってみました。

ツリーBOX p.96
TREE BOX

クリスマスツリーのイメージで作りました。
ふたは2枚の紙を組み合わせています。

ハートBOX `p.100`
HEART BOX

赤い紙を2枚組み合わせても、ツートンカラーにしてもかわいいハート型の箱。
実はこの箱、開け方が驚きなんです。

右側のパーツをスーッと引くと…。

指輪・田中雅子作

シェル BOX　p.104
SHELL BOX

正方形の紙1枚で、シェル型のふたつきの箱ができあがります。
きれいな紙で折ったら、素敵なアクセサリー入れに!

スターBOX（六角） p.106
STAR BOX (HEXAGRAM)

六角形の紙から折ります。ふたを閉じると六角形、開けると星型の箱になります。星型のトレーとして使ってもいいですね。

スターBOX（五角） p.109
STAR BOX (PENTAGRAM)

こちらは正五角形の紙から折りますが、折り方の要領はスターBOX（六角）と同じです。

三角BOX、八角BOX、耳つきBOX、スターBOX、2枚組みキューブBOXなど、小さなギフトボックス大集合。中には何を入れましょうか？

富士山を望む海辺でくつろぐパンダとペンギンとサンタさん。
内箱をポップな柄の紙で折って遊んでみました。

この本で使われている記号

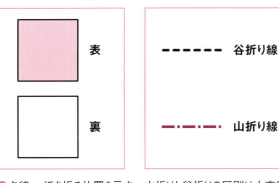
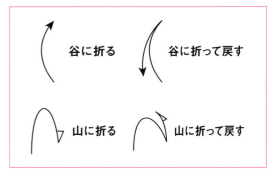

- ●点線…紙を折る位置を示す。山折りと谷折りの区別は大変重要なので、しっかり見ましょう。
- ●矢印…紙の動きを示す。矢印の根元の部分を、矢印の先へ動かす。折り返しのある矢印は、折り目をつけて戻す。

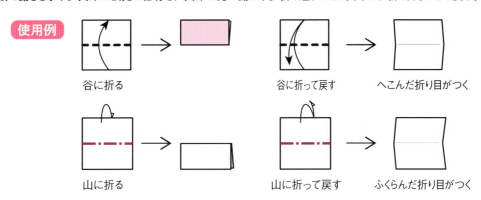

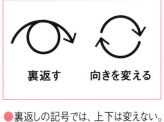

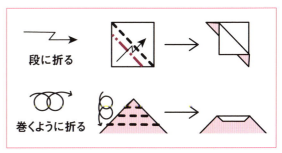

- ●裏返しの記号では、上下は変えない。
- ●見落としやすい記号なので要注意。

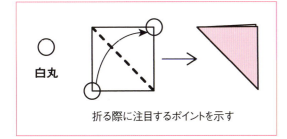
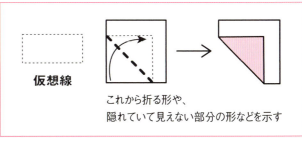

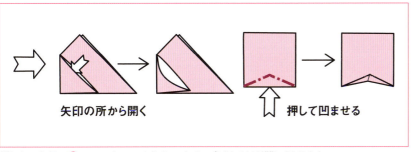
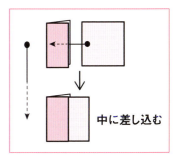

難しさの表示：✿のマーク1つから3つまで、多くなるほど難しくなります。

29

🟥 中割り折りとかぶせ折り

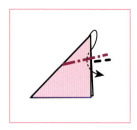
中割り折り

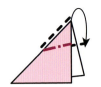
全体に少し開き、ついている折りすじを使って、折りすじより先の部分を内側に折り込む。

元のようにたたむ。

できあがり

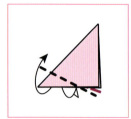
かぶせ折り

全体に少し開く。

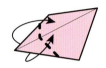
ついている折りすじで外側に折り返す。

元のようにたたむ。

できあがり

🟥 3等分の方法

3等分にするには長さを測って計算してもよいのですが、下のような方法を覚えておくと便利です。

一般的な方法

①
紙をS字に曲げる。

②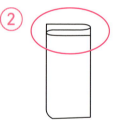
紙の上部だけに注目し、左右の紙端と折り山が合うように少しずつ調整する。

③
左右の折り山と紙端を合わせたら、紙の上の方にだけ折り目をつけ、開く。

④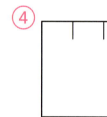
3等分のできあがり

藤本修三氏の漸近法

①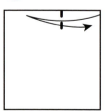
右側の角を動かし、約3分の1と思われるところに小さく折り目をつける。

②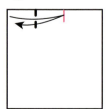
左側の角を、つけた折りすじに合わせて折り、開く。

③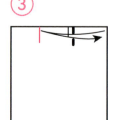
右側の角を、新しい折りすじに合わせて折り、開く。

④
このように、左右の角を交互に新しい折りすじに合わせて繰り返し折る。

⑤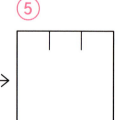
やがて折りすじの位置が同じ場所で重なり動かなくなると、3等分の折りすじがついている。

1枚折りの箱　1 SHEET BOX

伝承のます
MASU BOX

用紙 正方形 1枚　写真 p.4　難しさ ✦

箱を折るうえで基本となる作品です。紙を少しずつ小さくして重ね箱を作ると、よい練習になりますし、楽しいですよ。同じ大きさの紙で、本体にぴったり合ったふたや、浅い箱、深い箱を作ることもできます。ふたに折り目の入らない折り方も紹介しています。

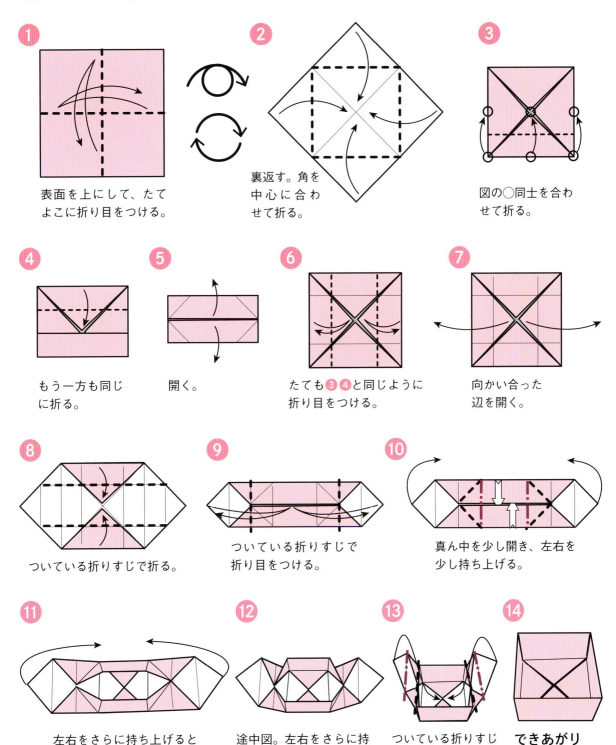

| バリエーション1 | **ふたをつける** |

同じ大きさの紙を使い、できあがりが少しだけ大きくなるように折って、ふたにすることができます。

①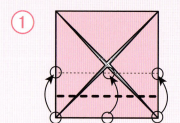

伝承のますの③より。中心より少し下に合わせて折る。

②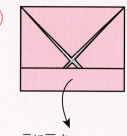

元に戻す。

③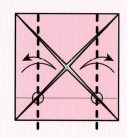

①の折りすじと対角線が交わるところで折りすじをつける（図の○印）。

④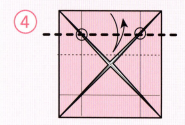

残りの1か所を③の折りすじと対角線との交点で折る。

⑤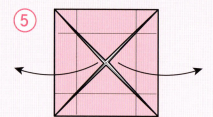

向かい合った辺を開き、伝承のますの⑧〜⑭と同じに折る。

⑥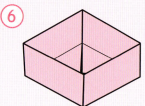

ふたのできあがり

⑦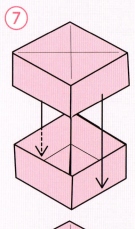

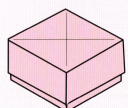

伝承のますとふたを組み合わせる。
できあがり

| バリエーション2 | **いろいろな形の箱** |

伝承のますの③の折り方を変えると、いろいろな形の箱を折ることができます。

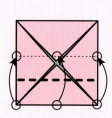 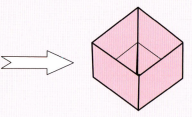

中心より上に合わせて折ると…。　　**深い箱**

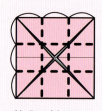

3等分に折ると…。　　**キューブ**

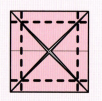 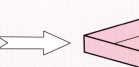

できるだけ細くすると…。　　**浅い箱**

COLUMN　余分な折りすじの入らない折り方・1

中心に折り目をつけないように折ると、折り筋のないきれいな「ざぶとん基本形」ができます。
この折り方を利用して、伝承のますのふたを作る方法をご紹介します。

①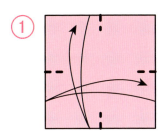
向かい合った辺を合わせ、紙のふちにだけ、折り目をつける。

②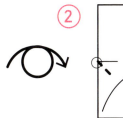
①でつけた折りすじを結ぶ線で軽く折る。

③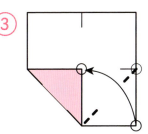
となりも同じように折る。

④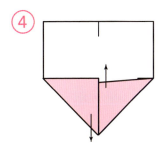
となり合う辺がズレている場合は、ぴったり合うように②③の工程を調整する。

⑤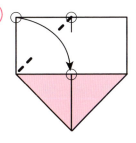
残りの2か所も同じように、ズレのないよう調節しながら折る。

⑥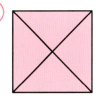
4か所が折れたら、周囲にしっかりと折り目をつける。折りすじのないざぶとん基本形できあがり。

⑦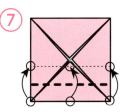
ふたの①〜⑤と同じに折る。

⑧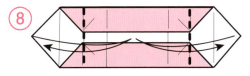
ついている折りすじで折り目をつける。

⑨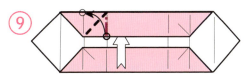
図の○を合わせるように折り、立体にする。

⑩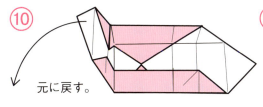
元に戻す。

⑪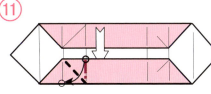
残りの3か所も⑨⑩と同じに折る。

⑫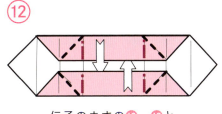
伝承のますの⑩〜⑬と同じに折って箱にする。

⑬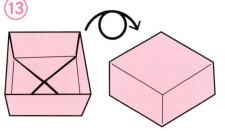
できあがり

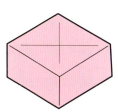
★普通に折るとふたに折りすじが入ります。

小さなギフトBOX
SMALL GIFT BOX

用紙 正方形1枚　写真 p.5　難しさ ★

糊やシールを使わなくてもきちんと閉じることができる箱です。30センチ角ぐらいの大きな紙で折っても素敵ですよ。数年前の作品ですが、いつの間にか手から手へ伝わって海外にも広まり「BOX in a BOX」という愛称がつけられました。

❶
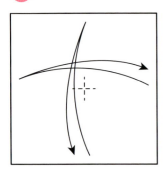
たてよこに折り、中心にだけ折り目をつける。

❷
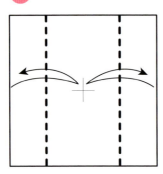
中心に合わせて折り目をつける。

❸
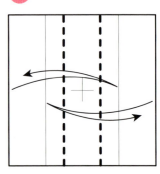
❷の折りすじに合わせて折り目をつける。

❹
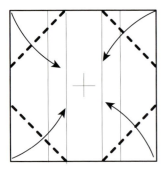
❸の折りすじに合わせて角を折る。

❺
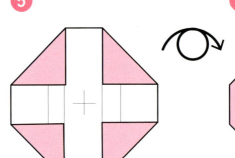
裏返す。

❻
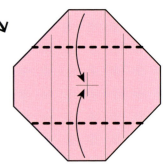
折りすじがたてになっていることを確認する。ふちを中心に合わせて折る。

❼
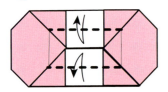
紙のふちを折り山に合わせて折る。

❽
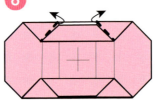
内側の角を引き出す。

❾
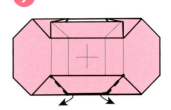
もう一方も同じに折る。裏返す。

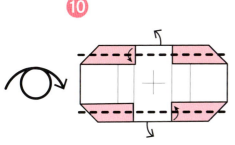

後ろの部分を引き出しながら、折り山を紙のふちに合わせて折る。

ついている折りすじでしっかりと折り目をつける。

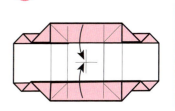

ふちを中心に合わせる。

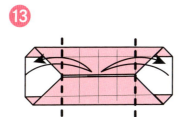

ついている折りすじでしっかりと折り目をつける。

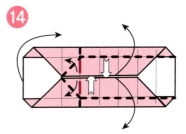

図のように三方を立てて折り、立体にする。

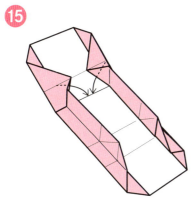

立体にする途中で、裏側に隠れている角を手前に引き出す。

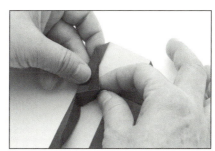

角を引き出しているところ。

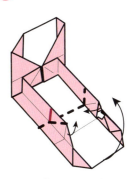

もう一方も同じに折る。

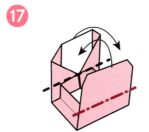

両方のふたを折りながら、片方のふたをもう一方に差し込む。

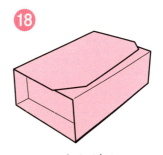

できあがり

シンプルケース
SIMPLE CASE

用紙 正方形 1枚　写真 p.6　難しさ ★

1枚の紙でさっと折れて、ふたもできるパッケージです。植物の種など細かいものをしまっておくのにも、いいですよ。スライドBOX、ニンジャBOXなど、他の箱へと発展する源となった作品です。

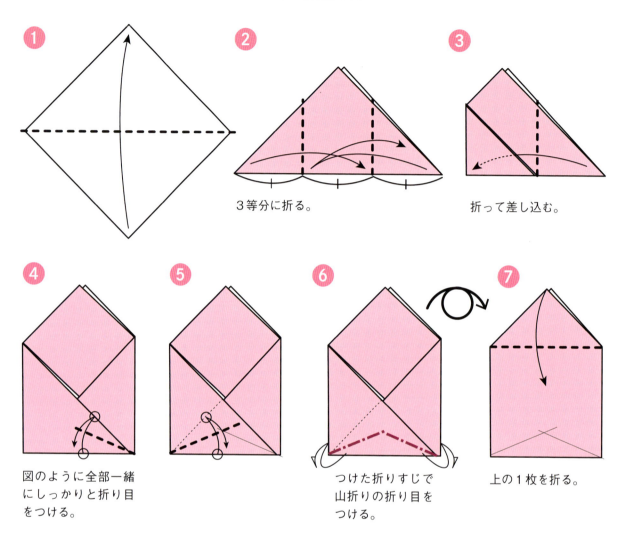

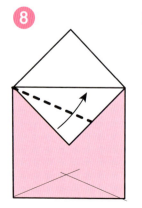

図のように全部一緒にしっかりと折り目をつける。

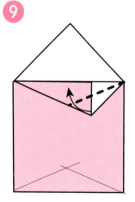

上の1枚のふちに合わせて下の紙に折り目をつける。

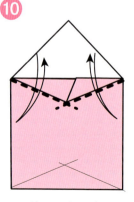

つけた折りすじで山折りの折り目をつける。

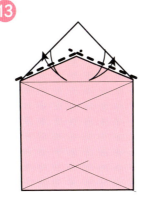

上の1枚のふちに合わせて下の紙に折り目をつける。

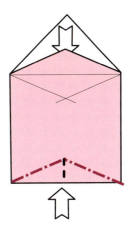

袋の口を開き全体をふくらませる。底の部分を指で押して、ついている折りすじで折り、底を立体にする。

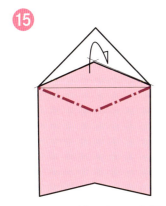

ついている折りすじで山折りして内側のふたにする。

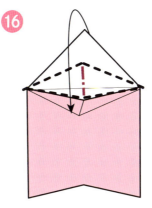

ついている折りすじで手前に折ってふたにする。

できあがり

COLUMN 用紙選びのポイント

　図を見ながら初めて折るときは、裏の白い普通の折り紙用紙を使いましょう。両面に色がついた紙は裏表がわかりにくく、模様のある紙は折りすじが見づらいので、いずれも図の理解を妨げます。

　うまく立体にできないときは、タント紙や両面折り紙など、普通の折り紙用紙より少し厚くコシのある紙で折ってみましょう。紙が変わるだけで、すんなりと立体になってくれることがあります。逆にシェルBOXなど、紙の重なりが多い作品は、薄手の紙の方がきれいに折れます。

　慣れてきたら、折り紙用紙以外の紙で折るのも楽しいものです。スクラップ・ブッキング用の紙は、お洒落でしっかりしているので、大きな箱を作るのにぴったり。チラシやパンフレット、カレンダーなどの中にも、折りやすい厚さでデザインも素敵なものがたくさんあります。美術館のチラシは特にオススメです。使用済みの包装紙にはアイロンをかけると、しわがピンと伸びて、テープやシールも簡単にはがせます。

　身近にあるいろんな紙を使って、大きさもいろいろに変えて折ってみてください。同じ作品でも全く違って見えますよ。自分だけの素敵な箱を作ってくださいね。

かちっとBOX
SNAP BOX

その名のとおり、ふたがカチッとロックされる仕組みになっています。紙のたてよこの比率によって、いろいろな形の箱を作ることができます。

用紙 長方形 1枚　写真 p.7　難しさ ★★

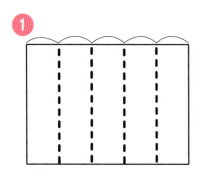

適当な長方形の紙を用いる。
5等分に折る(39ページ参照)。

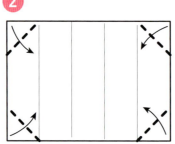

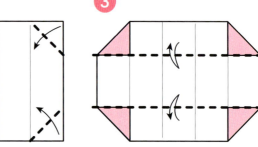

ふちにそって折り目をつける。
裏返す。

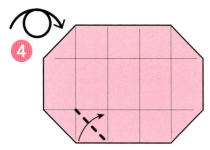

図の折り線の部分にだけ
折り目をつけて折る。

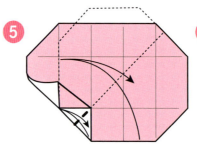

仮想線のように折り、折り線
の部分だけ2枚いっしょに
しっかりと折り目をつけ、開く。

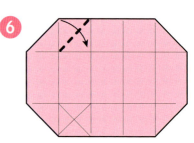

残りの3か所も❹❺と
同じに折る。

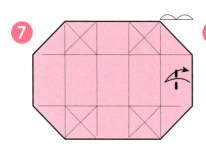

折りすじの半分のところに
軽く折り目をつける。

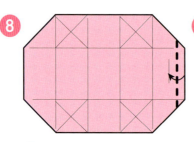

❼でつけた折り目に
合わせて折る。

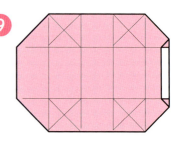

折ったところ。裏返す。

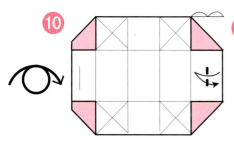

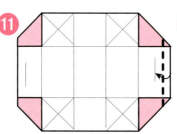

❿でつけた折り目に
合わせて折る。

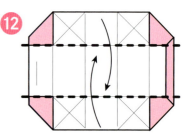

38

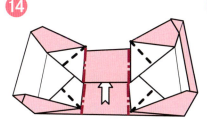
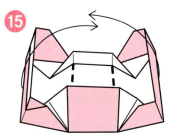

⓭ ついている折りすじで開いて立体にする。

⓮ ついている折りすじで立体にする。

⓯ 左右のふたが真ん中で重なるように組み合わせる。端が内側に折り返されている方のふたを上にする。左右の折り返しが互いにひっかかり、ロックされる。

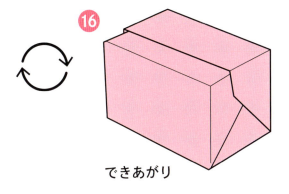

⓰ できあがり

開け方 箱の上部を左右から軽く押すとロックが外れてふたが開く。

五等分の折り方（藤本修三氏の漸近法）

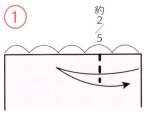
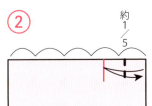
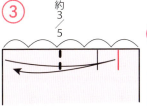
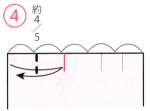

① 右側の角を動かして、約5分の2と思われる場所に小さく折り目をつける。（適当な位置でよい）

② 右側の角を、つけた折りすじに合わせて折り、開く。

③ 左側の角を、新しい折りすじに合わせて折り、開く。

④ 左側の角を、新しい折りすじに合わせて折り、開く。

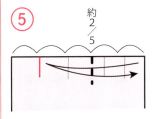
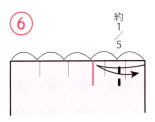
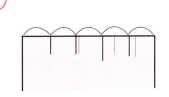

⑤ 右側の角を、新しい折りすじに合わせて折り、開く。

⑥ 右側の角を、新しい折りすじに合わせて折り、開く。

⑦ このように、右2回左2回と、左右交互に2回ずつ、一番新しい折りすじに合わせて折ることを繰り返す。やがて折りすじが同じ場所で重なり、新しい折りすじがつかなくなると、5等分のできあがり。

入れ子のかちっとBOX

① A4、B5などの用紙を半分に切り、そのうち1枚をまた半分に…と繰り返す。

② たてよこの比率が同じ長方形ができる。それぞれで、かちっとBOXを折る。

③ ★マトリョーシカのように、順に中に入れてみましょう。

その他の紙の比率の例

1:1 → 細長い箱

3:2 → キューブ（立方体）

2:1 → 最小幅の箱

他にもいろいろな比率の長方形で試してみましょう。

三角BOX
PYRAMID BOX

用紙 A5,B6などの長方形1枚　写真 p.8　難しさ ⭐

チラシやパンフレット、絵葉書など身近な紙で折ってみてください。シールどめしなくてもしっかりフタができますから、折り方を覚えておくと便利です。クリスマスのオーナメントやギフトボックスにもよさそうですね。

1枚折り

❶
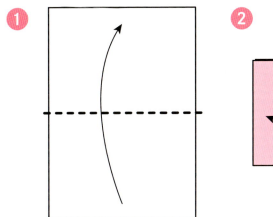

❷
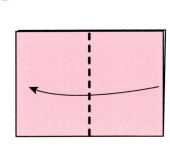

❸
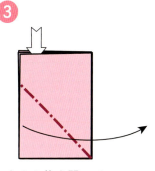
上の1枚を開いてたたむ。

❹
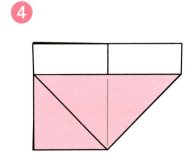
裏側も同じように折る。

❺
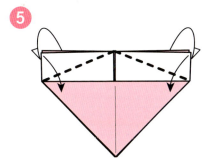
図のように折る。裏側も同じ。

❻

❼
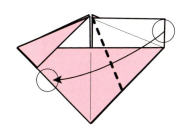
○印のふち同士を合わせて折る。

❽
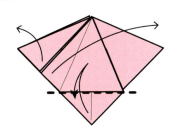
ふちに合わせて折り目をつけ、元に戻す。

❾
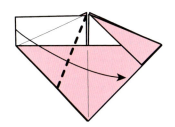
残りの3か所も❼と同じように折る。

41

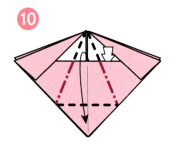

ついている折りすじで開いて
たたむ（花弁折り）。

裏側も同じに折る。

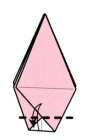

手前の1枚に図のように
折り目をつける。

つけた折りすじで
内側に折り込む。

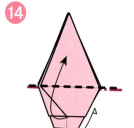

折り上げる。
裏側も同じ。

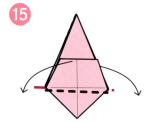

水平に開く。

左右にひっぱり、
底を平らにする。

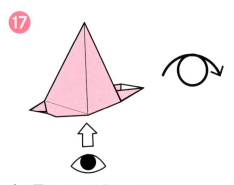

次の図は、下から見たところ。

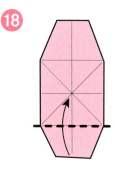

短い方を折る。

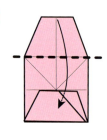

もう一方を折って
差し込む。

できあがり

使い方

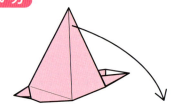

⑰まで戻して、ふたを開け、
中身を入れて戻す。

ひもの付け方

全部開き、結んだひもを図の位置に置き、セロテープなどで固定する。元に戻す。

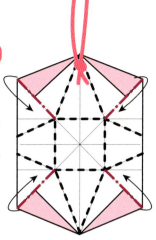
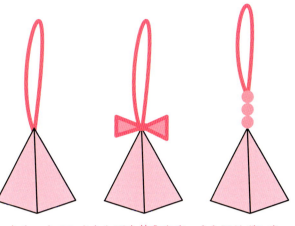

★オーナメントとしても使えます。さらにリボンを結んだりビーズを通したりと、楽しんでください。

COLUMN　白銀比の確かめ方と切り方

41ページの三角BOXはA4、B5などの長方形の紙で折ります。この長方形のたてよこ比は1：√2で「白銀比」と呼ばれます。手持ちの長方形の紙の比率を確かめたり、白銀比の紙を自分で切り出す方法をご紹介します。

白銀比の確かめ方

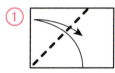

① ふちとふちを合わせて折り目をつける。

② ふちを折りすじに合わせて折る。

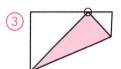

③ 角とふちがぴったり合えば1：√2の比率です。

③で角とふちが合わない場合

角がふちに届かない場合

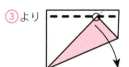

③より　角に合わせてふちと平行に折り目をつける。

④ 折りすじで切る。

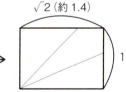

√2（約1.4）／1　できあがり

角がふちの外に出てしまう場合

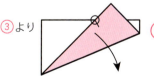

③より　ふちが交わる点に印をつける。

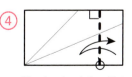

④ 印のところで直角に折る。

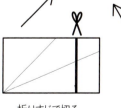

⑤ 折りすじで切る。

正方形から切り出す方法

① 対角線で折り目をつける。

② ふちを折りすじに合わせて折る。

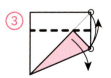

③ ○を合わせて折り目をつける。

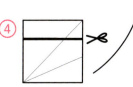

④ 折りすじで切る。

八角BOX
OCTAGONAL BOX

用紙 正方形 1枚　写真 p.9　難しさ ★★★

裏面がチラリと出ますので、裏にも色のついた紙で折るとよいでしょう。⓰から立体にするところで紙が破れやすいので、丁寧に広げましょう。伝承作品「中国の壺」から生まれた作品です。

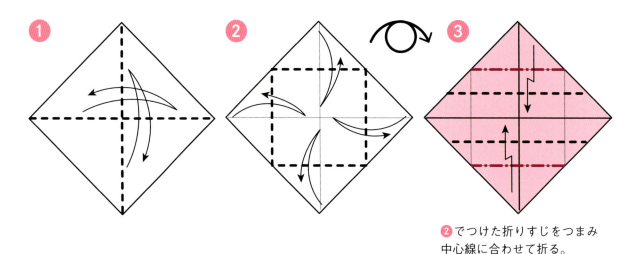

❷でつけた折りすじをつまみ中心線に合わせて折る。

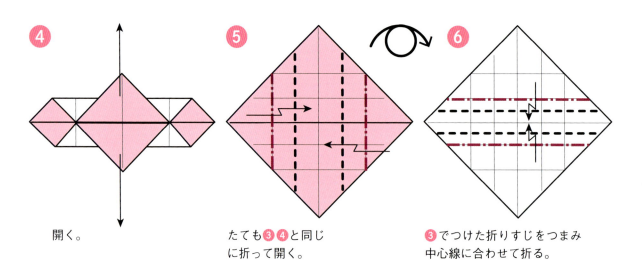

開く。

たても❸❹と同じに折って開く。

❸でつけた折りすじをつまみ中心線に合わせて折る。

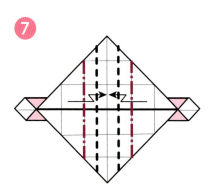

たても❻と同様に折る。

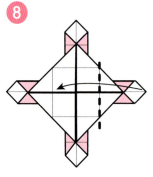

折りすじのついているところで折る。

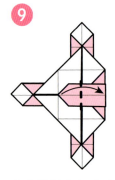

中心線に合わせて折り返す。

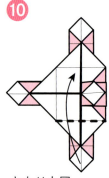

となりも同様に折る。

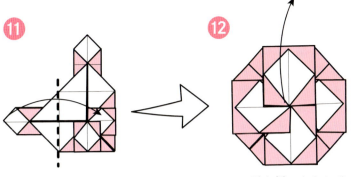
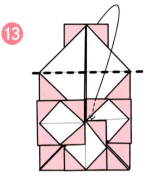

⑪ 順にとなりを折る。

⑫ 4か所を折ったところ。最後の1か所を開く。

⑬ 角を最初に折った部分の下に差し込む。

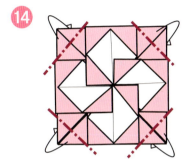

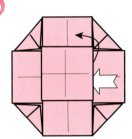

⑭ 角を裏側に折る。

⑮ 折ったところ。裏返す。

⑯ 底部分をめくり、引っ張り上げる。

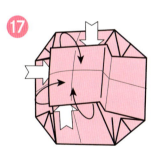
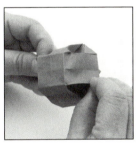

⑰ 隠れていた部分を引き出し折り目を伸ばす。反対側も引き出す。残りの2か所も同様にする。

⑱ ついている折りすじにそって全体を平らにつぶすように折る。

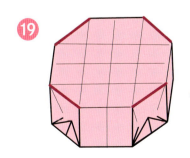
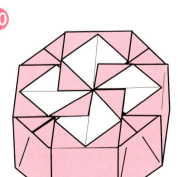

⑲ 赤線の部分をつまみ、しっかりと折り目をつける。⑱⑲は、ふた部分を開け内側からも指を入れると折りやすい。

⑳ できあがり

2枚組みの箱　2 PIECE BOX

スライドBOX
SLIDE BOX

用紙 正方形 2枚　写真 p.10　難しさ ★

シンプルケースを、2枚組みにしてみました。両面に色のついた紙で折るとよいでしょう。

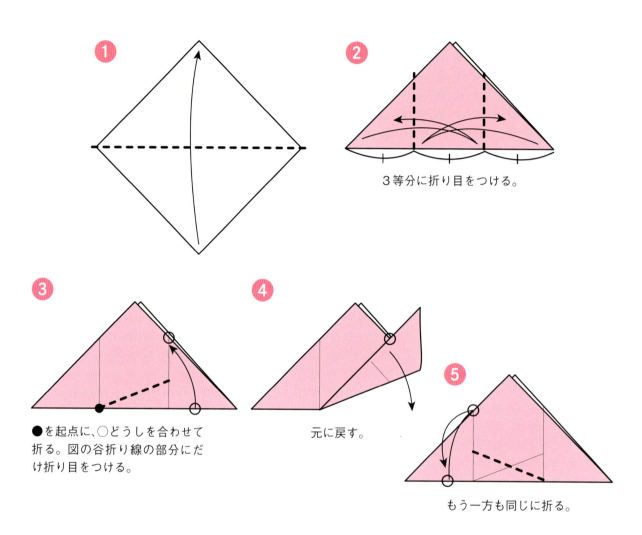

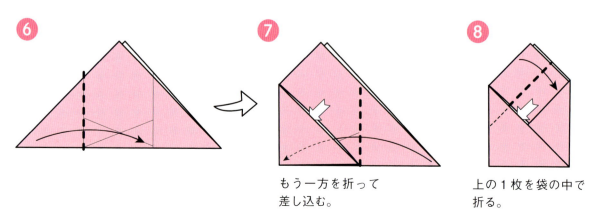

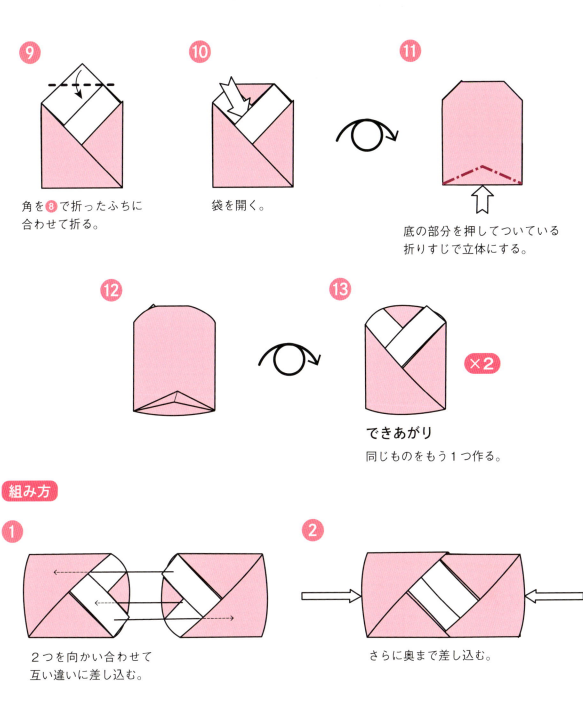

9 角を❽で折ったふちに合わせて折る。

10 袋を開く。

11 底の部分を押してついている折りすじで立体にする。

12

13 できあがり
同じものをもう1つ作る。
×2

2枚組み

組み方

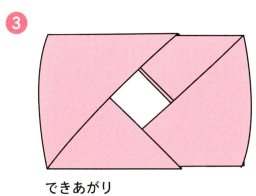

1 2つを向かい合わせて互い違いに差し込む。

2 さらに奥まで差し込む。

3 できあがり

ニンジャBOX
NINJYA BOX

用紙 正方形 2枚　写真 p.10　難しさ ★★

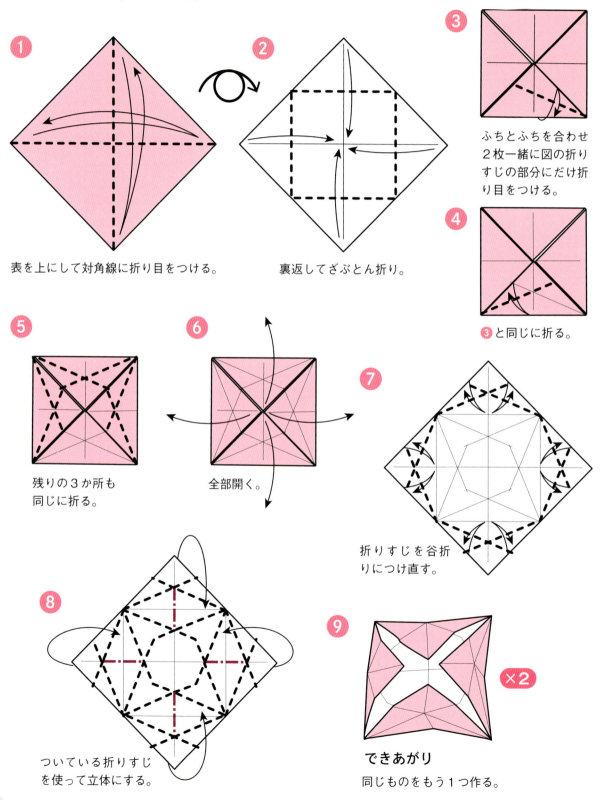

組み方

①

向かい合う角2つを立てる。
もう1枚も同じ。

②
1つを裏返す。

③
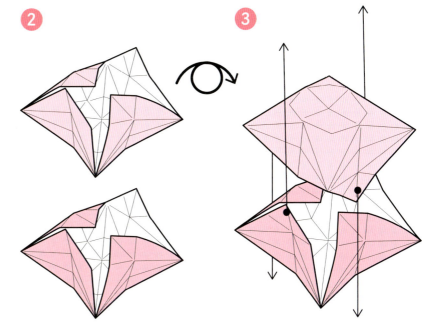
2枚を向かい合わせ、互い違いに組み合わせる。

④
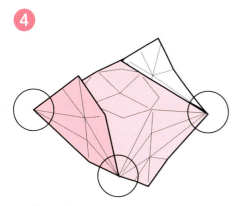
角をぴったりと
かみ合わせる。

⑤
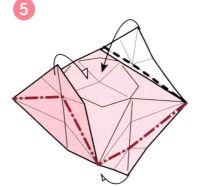
❶で広げた角をついている折り
すじで折り、元の形に戻す。

⑥
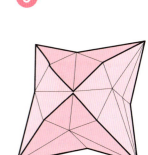
できあがり

サークルBOX
CIRCLE BOX

用紙 正方形2枚　写真 p.11　難しさ ★

ニンジャBOXを曲線で折ってみました。型となる円は、紙のふちにぴったり合う円（内接円）より小さいですが、それによって直線の部分ができ、外れにくい構造になっています。曲線は、強く印をつけ、少しずつ折るときれいに折れます。

★同じ大きさの正方形用紙2枚と、一回り以上小さい円形の型（皿、ふたなど）を用意します。
15センチ角の用紙にはCDを用いるとちょうどいいですよ！

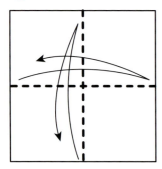

たてよこに折り目をつける。

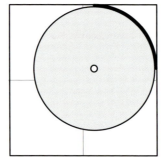

CDのふちが紙のふちに接するように当てる。ボールペンで2、3度強くなぞって線を引く。

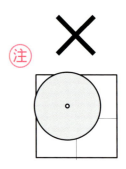

注 ×
はみ出さないように。

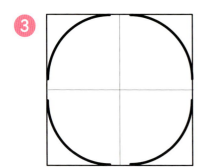

残りの3か所も同じ。

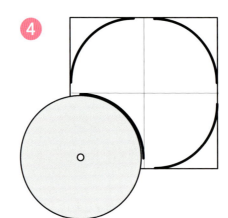

CDのふちがたてよこの中心線に接するように置き、❷と同様に強く線を引く。

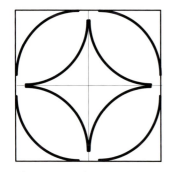

残りの3か所も同じ。

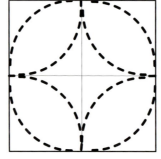

線の通りに折り、立体にする。

できあがり
同じものをもう1つ作る。

組み方

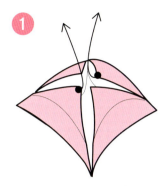

① 向かい合う角2つを立てる。もう1枚も同じ。

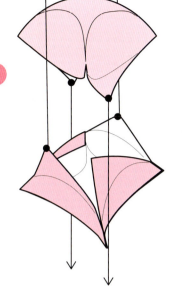

② 2枚を向かい合わせ、互い違いに組み合わせる。

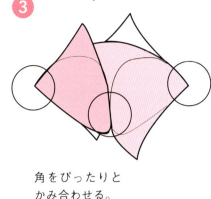

③ 角をぴったりとかみ合わせる。

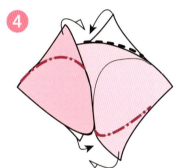

④ ❶で広げた角を、折りすじで折り、元の形に戻す。

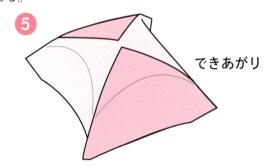

⑤ できあがり

COLUMN　ワックスペーパーの作り方

　7ページ下の写真の「かちっとBOX」は、手作りのワックスペーパー（ろう引き紙）で折っています。これは意外に簡単に手作りできるので、作り方をご紹介します。少し透けた感じの風合いが面白く、コシが出るので、薄い紙で箱を作りたい場合にも使えます。クラフト紙やカラーコピー用紙に英字新聞をコピーしたり、好きなスタンプを押した紙に、ろう引きしても素敵です。ただし、厚い紙には向いていないので、ご注意下さい。

用意するもの
- ろうそく—ビニール袋に入れ、すりこぎなどで叩いて適当に砕く。
- クッキングシート—作りたい紙より大きなものを用意する。
- アイロン—低温、スチームなしで使用する。
- アイロン台—ろうがつかないよう、新聞紙やいらない布でカバーしておく。

作り方
① アイロン台にクッキングシートを広げる。その上にろうを適宜置き、もう1枚のクッキングシートではさむ（または、二つ折りしたクッキングシートの間にろうをはさむ）。
② シートの上からアイロンでろうを溶かす。
③ 紙をクッキングシートの間にはさんでアイロンをかけ、溶けたろうを染みこませる。
④ 紙にろうが染みてない部分に新しいろうを少し足してアイロンがけする。
⑤ 全体にろうが染みたら、いらない別の紙を一緒にはさみ、アイロンがけして余分なろうを吸い取らせ、できあがり。

注：ろうはシートからはみ出さないよう、少しずつ溶かしましょう。

2枚組みキューブBOX
2 PIECE CUBE BOX

用紙 正方形2枚　写真 p.11　難しさ ★★

かちっとBOXと同じように、ふたがロックされる構造です。タントなど、しっかりした紙で折るとよいでしょう。配色を楽しんでください。

外側

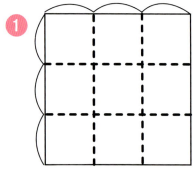

たてよこ3等分に折り目をつける。

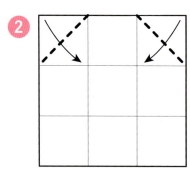

角を折りすじに合わせて折る。

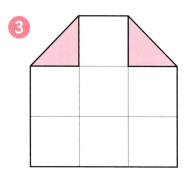

折ったところ。

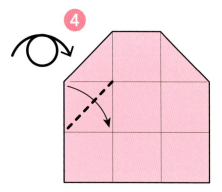

裏返して図のように折る。他の部分に折り目がつかないように注意する。

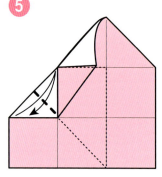

図の折り線の部分だけ、2枚一緒にしっかりと折り目をつけ開く。

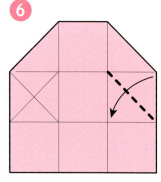

開くと図のような折りすじがついている。もう一方も❹❺と同じに折る。

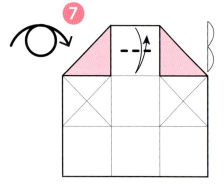

軽く折り目をつける。

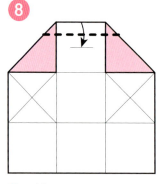

❼の折り目に合わせて折る。

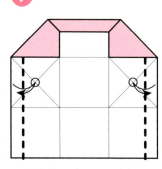

ふちを○に合わせて折る。紙が重なっている部分は折り目をつけない。

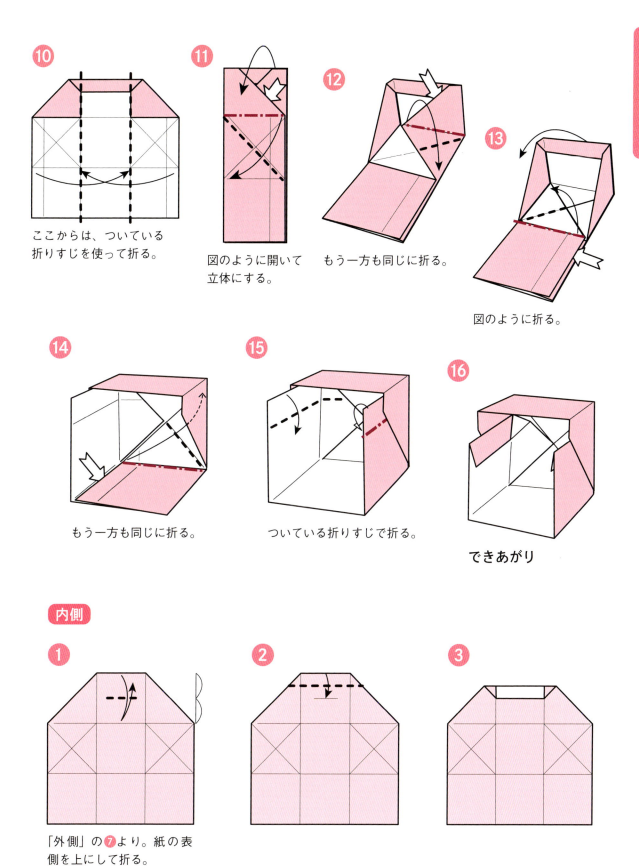

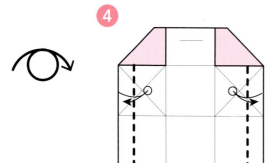

4

「外側」の ❾ の目安よりも
少し幅広く折る。

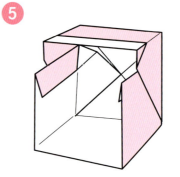

5

「外側」の ❿〜⓰ と同じに折る。

できあがり

組み方

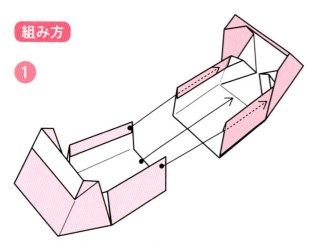

1

ふちの折り返した部分を差し込みながら、
「外側」の中に「内側」を入れる。

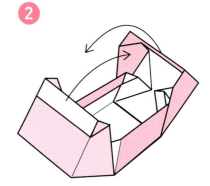

2

「外側」が上になるようにふたを組み
合わせる。ふたの折り返し部分が互
いにひっかかり、ロックされる

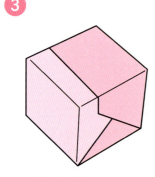

3

できあがり

開け方

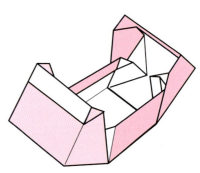

★箱の上部を左右から軽く押すと、
ロックが外れて箱が開きます。

耳つきBOX
EARED BOX

用紙 長方形2枚　写真 p.12、13　難しさ ★

ニンジャBOX、サークルBOXの仲間で、一番シンプルで進化した形です。入れたいものに合わせて自由自在に形や大きさを決めることができます。開くと平らになるので、手作りケーキなどを入れるのにもいいですね。

2枚組み

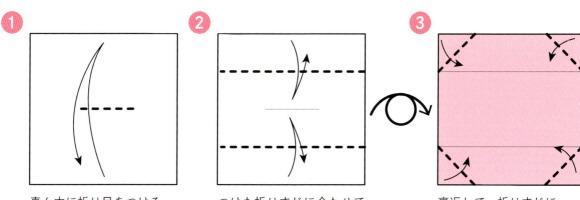

❶ 真ん中に折り目をつける。

❷ つけた折りすじに合わせて折り目をつける。

❸ 裏返して、折りすじに合わせて角を折る。

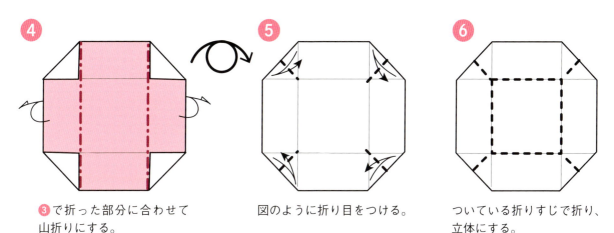

❹ ❸で折った部分に合わせて山折りにする。

❺ 図のように折り目をつける。

❻ ついている折りすじで折り、立体にする。

❼ できあがり　×2
同じものをもう1つ作る。

組み方

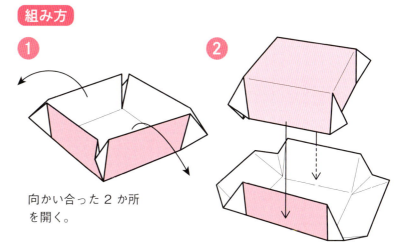

❶ 向かい合った2か所を開く。

❷ もう1つは開かないで、❶をはさむようにかぶせる。

55

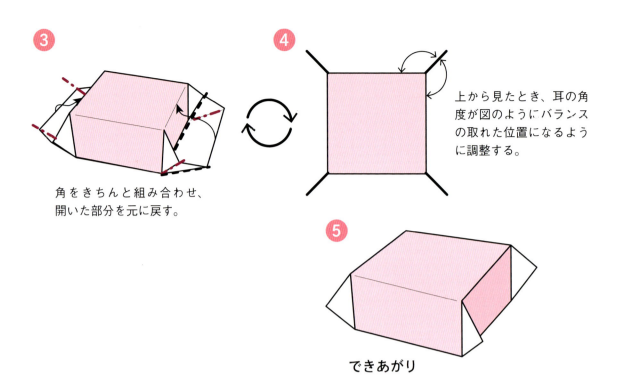

バリエーション1 キューブの箱A

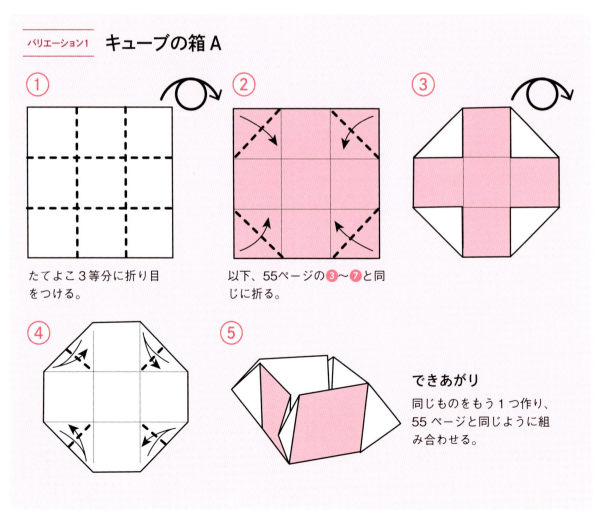

| バリエーション2 | **キューブの箱 B** |

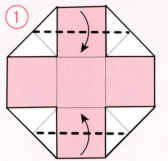
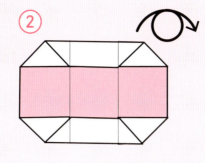
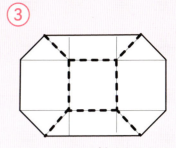

① キューブの箱Aの⑤まで折り、開く。

③ ついている折りすじを使って立体にする。

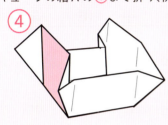
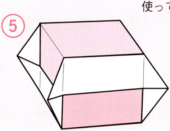

④ 同じものをもう1つ作り、55ページと同じように組み合わせる。

⑤ **できあがり**
LEDライトなどを中に入れるとかわいい灯りとして使えます。

| バリエーション3 | **長方形の紙で折る** |

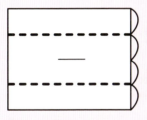

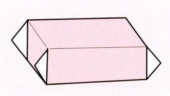

よこ長に使うと…

薄い箱

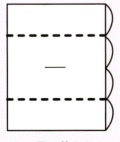

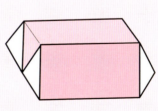

たて長に使うと…

厚みのある箱

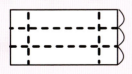

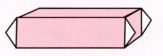

たてよこ比が1：2ぐらいの用紙をよこ長に使い、3等分で折ると…

細い箱

他にもいろいろな長方形で折ってみましょう。

自由な形に折る方法

計算して紙を切り出せば、好みの大きさの箱を折ることができます。

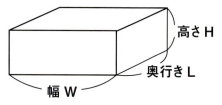
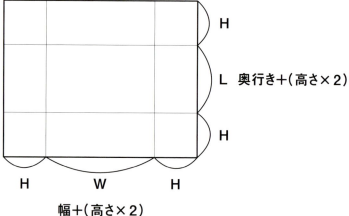

作りたい箱のサイズから、紙の大きさを計算します。
例・幅7×奥ゆき5×高さ3の箱の場合
　　よこ…幅＋（高さ×2）…7＋（3×2）＝13
　　たて…奥行き＋（高さ×2）…5＋（3×2）＝11
よって、この例では、よこ13×たて11センチの紙を2枚用意すればよいことになります。

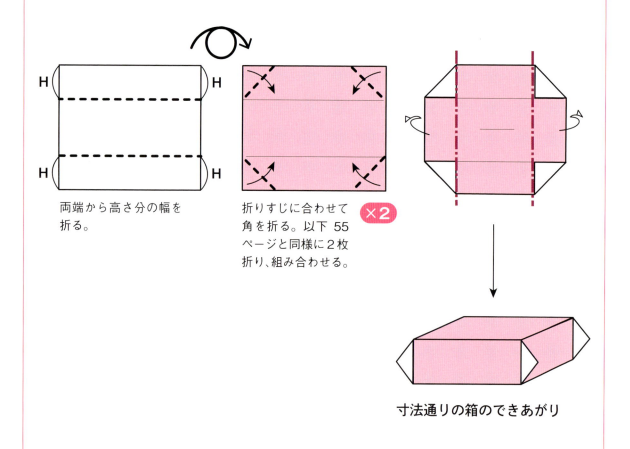

両端から高さ分の幅を折る。

折りすじに合わせて角を折る。以下55ページと同様に2枚折り、組み合わせる。

寸法通りの箱のできあがり

ぐるぐるBOX
GURUGURU BOX

用紙 正方形2枚　写真 p.14　難しさ ★★★

ビンのふたのようにねじって開閉します。ねじる際の模様変わりも楽しいです。折る時にも、紙を回しながら折ります。本体とふたは回転が反対方向ですから、ちょっとややこしいのですが、折れると楽しくてハマりますよ！

2枚組み

本体

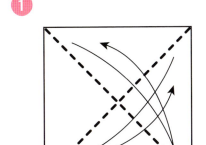

対角線に折り目をつける。

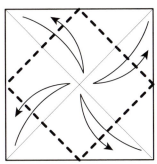

角を中心に合わせて折り目をつける。

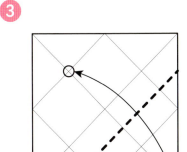

角を図の○印に合わせて折る。

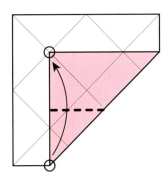

○を合わせて折り、図の折り線の部分にだけ折り目をつける。

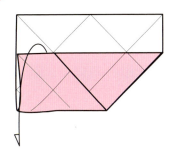

全部開く。

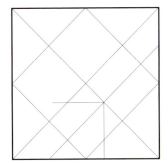

図のように折りすじがついている。残りの3か所も❸から❺と同じに折る。

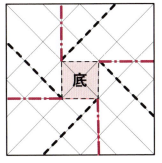

全部折ったところ。以後の工程は図のような折り線で折り、立体にする。

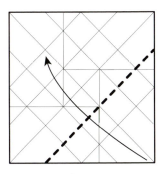

ついている折りすじで1か所を折る。

59

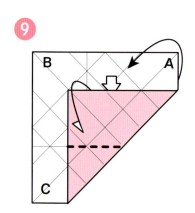
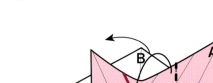

図のように立体にする。

ついている折り目で内側に折り込む。

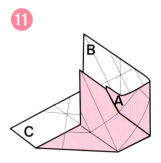
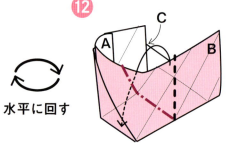
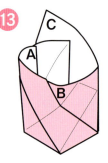

折ったところ。時計回りに90度回す。

⑩と同じように、内側に折り込む。

折ったところ。残りの2か所も同じように折る。

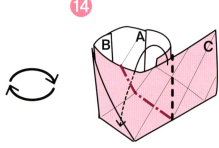
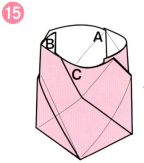

最後の1か所も、⑫と同じように内側に折り込む。

できあがり

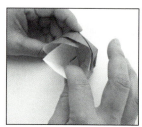

⑪〜⑭のプロセスを写真で見ると、こうなります。

ふた 本体を左右反転させたものを折ります。

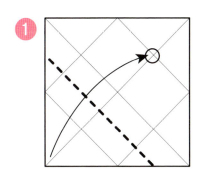
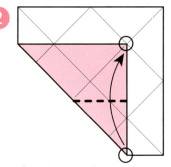
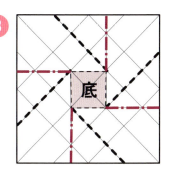

① 本体の❸より図のように折る。

② ○を合わせて折る。残りの3か所も同じに折る。

③ 全部折ったところ。図のような折り目で立体化していく。

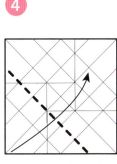
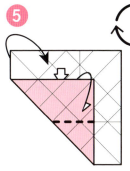
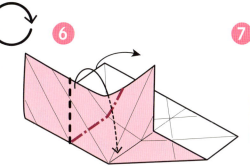

④ ついている折りすじで1か所を折る。

⑤ 図のように立体にする。

⑥ ついている折りすじで内側に折り込む。以下、本体の⓫〜⓯と同じに折る。

⑦ できあがり

組み方 本体とふたは、どちらにも使えます。

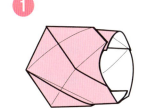
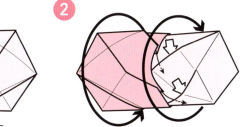

① 2つを向かい合わせにし、片方をもう一方に少し差し込む。

② 2つの箱を、図のような方向にねじりながら差し込む。このとき外側の箱の4つの角が、内側の箱のひだのすき間に入るようにする。

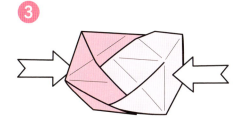

③ ある程度かみ合ったら、ねじらず左右から底部を押して奥まで差し込む。

★箱をねじることで模様が変わります。

④

⑤ できあがり

キャラクターBOX CHARACTER BOX

兜BOX
KABUTO BOX

用紙 正方形 2枚　写真 p.15　難しさ ✿

伝承の兜が、箱になりました！とても入りそうにない物体が、摩訶不思議、兜の中にぴったり収まります。

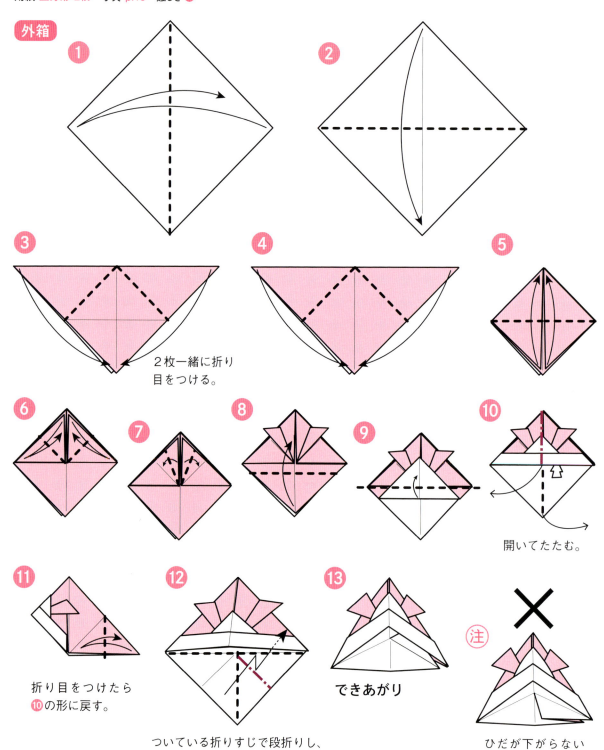

🟥 内箱

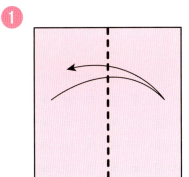
① 表を上にしてたてに折り目をつける。

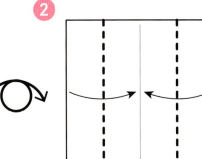
② 裏返して折り目に合わせて折る。

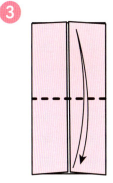
③ 半分に折り目をつける。

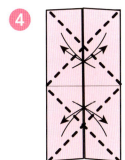
④ 図のように折り目をつける。

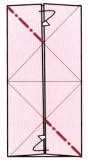
⑤ 図のように折る。

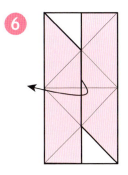
⑥

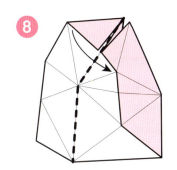
⑦ 段折りする。

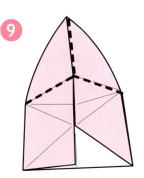
⑧ 開いた部分を元に戻し、⑦で折ったひだをはさむ。

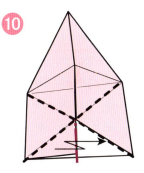
⑨ 折りすじをつけ形を整える。

⑩ もう一方も⑥～⑧と同じに折る。

⑦～⑨のプロセスを写真で見ると、こうなります。

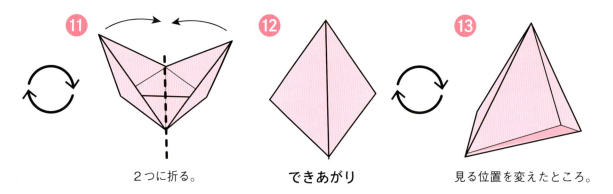

2つに折る。　　　できあがり　　　見る位置を変えたところ。

組み方

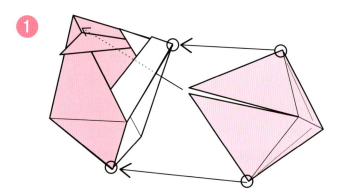
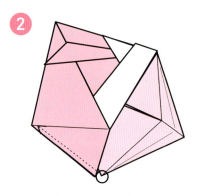

外箱と内箱を向い合せる。内箱の向きに注意。外箱をたてに少しつぶすようにして、○印どうしを合わせながら、内箱を差し込む。

内箱の下の角（○印）を、さらに奥まで押し込む。

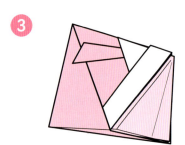
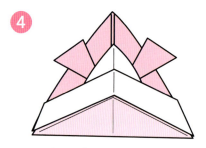

全部差し込んだところ。ひだが内箱で押えられるので形が崩れない。

できあがり

開け方

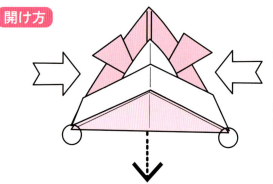

しっかりした紙で折った場合は、兜の鍬形のすぐ下の部分（矢印）を両横から押すと中箱がするりと出てきます。

紙が薄い場合は○印を持って下に引っ張ってください。

内箱2 ペンギンBOX（66ページ）、パンダBOX（68ページ）、小鳥BOX（72ページ）などに使います。

❶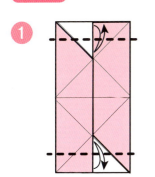
内箱1の❻より折り目をつける。

❷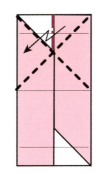
内箱1の❻〜❾と同じに折る。

❸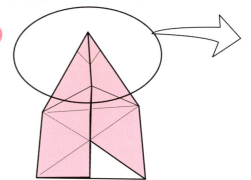

❹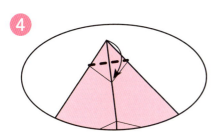
角を、ついている折りすじに合わせて折る。

❺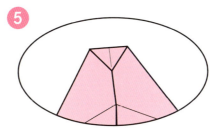
折ったところ。

❻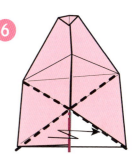
もう一方も❷から❺と同じに折る。

❼
たてに2つ折りにして平らにする。

❽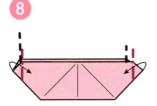
ついている折りすじで中割り折り。

❾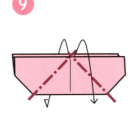
元のように開く。

❿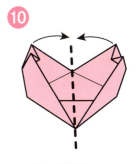
2つに折る。

❿
できあがり

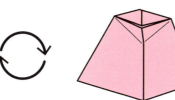
別の角度から見たところ。

別の角度から見たところ。

キャラクターBOX

ペンギンBOX
PENGUIN BOX

用紙 正方形 2枚　写真 p.16　難しさ ★★

兜BOXの応用で、かわいいペンギンの箱ができました。お腹（内箱）は白でも柄の紙を使ってもかわいいですよ。頭が平らなので、内箱もてっぺんが平らなものを使います。

外箱

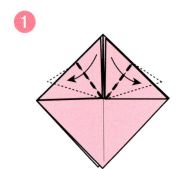

兜BOXの❻より。
仮想線を目安に折る。

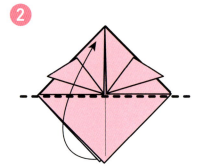

上の1枚を折る。

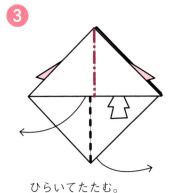

ひらいてたたむ。

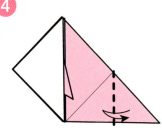

折りすじをつけたら❸の
形に戻す。

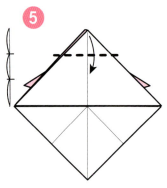

上の1枚を、上から3分の1
のところで折る。

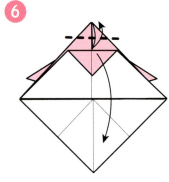

折った部分に合わせて折り目を
つける。上の1枚を折り下げる。

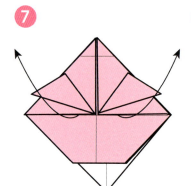

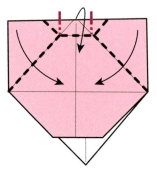

ついている折りすじを
使ってたたみ、❾の形に
なるように折る。

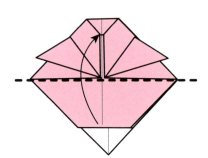

上の1枚を折る。

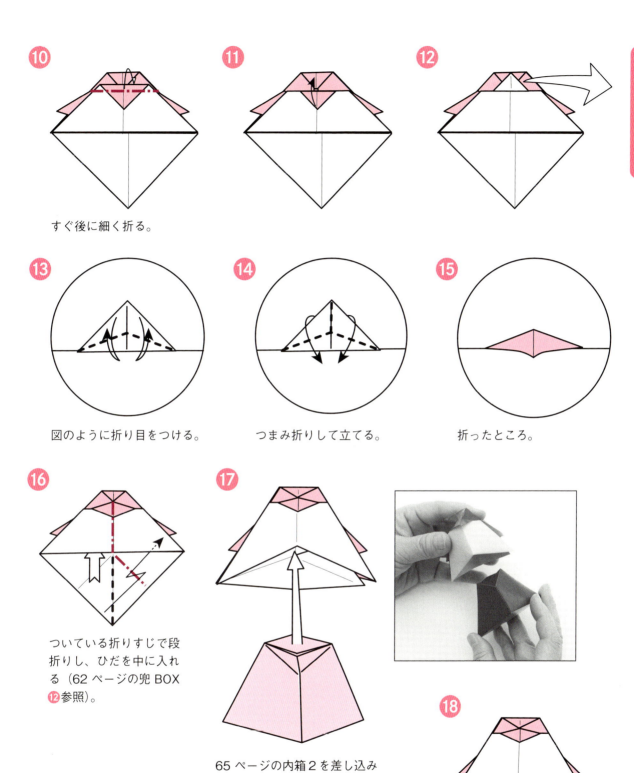

⑩ すぐ後に細く折る。

⑬ 図のように折り目をつける。

⑭ つまみ折りして立てる。

⑮ 折ったところ。

⑯ ついている折りすじで段折りし、ひだを中に入れる（62ページの兜BOX⑫参照）。

⑰ 65ページの内箱2を差し込み組み合わせる。

⑱ できあがり

パンダBOX
PANDA BOX

用紙 正方形 3枚（外箱2枚、内箱1枚）　写真 p.16　難しさ ★★

外箱を2枚重ねで折ったところ、パンダの耳や白黒模様がうまく出てきてくれました。内箱には、ペンギンBOXと同じものを使用します。

外箱

① 2枚の紙を中表に合わせる。

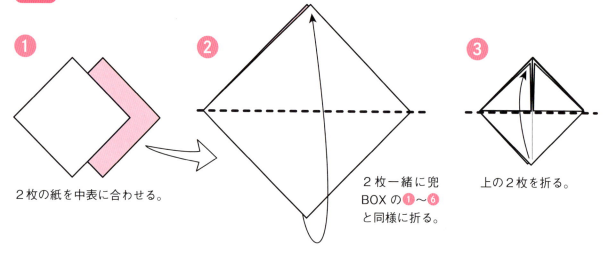

② 2枚一緒に兜BOXの❶〜❻と同様に折る。

③ 上の2枚を折る。

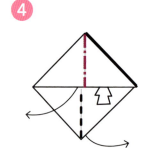

④ 開いてたたむ。

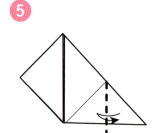

⑤ しっかりと折り目をつけたら、④の形に戻す。

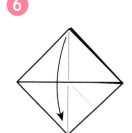

⑥ 2枚折り下げる。

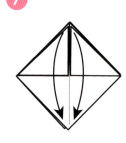

⑦ 角を折り下げる。

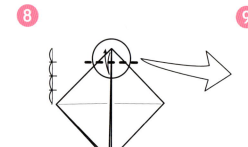

⑧ 図の位置にしっかりと折り目をつける。

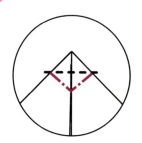

⑨ 図のように角を中に折り込む。（ペンギンBOX❼〜❾参照）

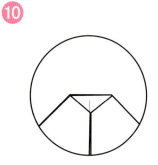

⑩ 折ったところ。

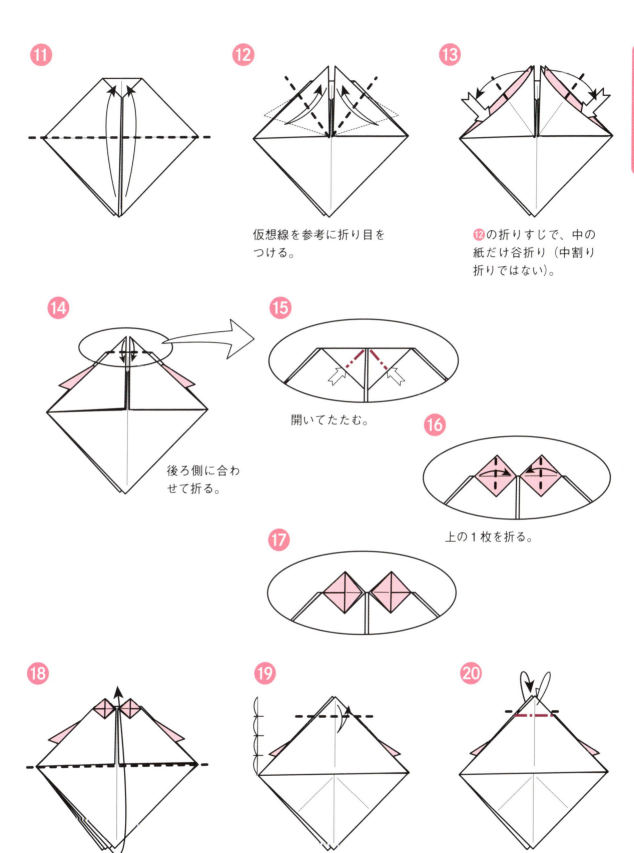

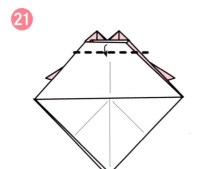
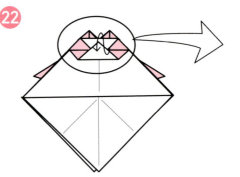

㉒のような形になるように後ろの角を引き出しながら手前の1枚を折る。

後ろの1枚を手前に引き出す。

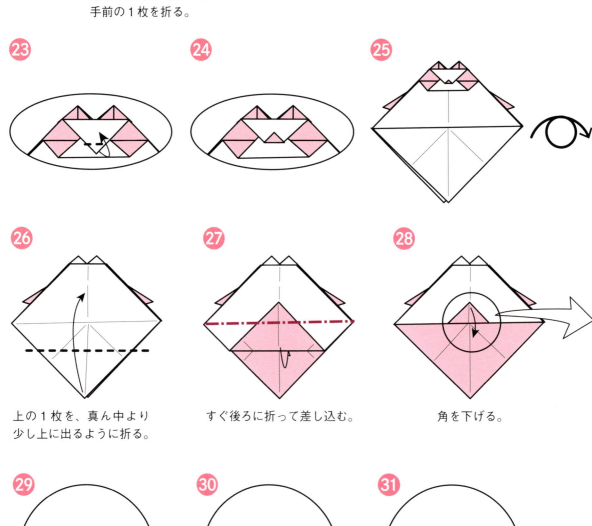

上の1枚を、真ん中より少し上に出るように折る。

すぐ後ろに折って差し込む。

角を下げる。

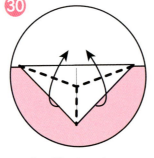
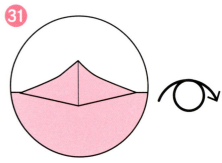

図のように折り目をつける。

つまみ折りして立てる。

折ったところ。

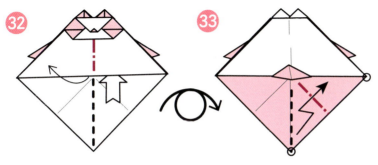

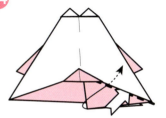

③② 体を開き少し立体にする。

③③ ついている折りすじでひだを寄せるように折り、○を合わせる。

③④ ひだをすき間に差し込む。(③②③③は、ペンギンBOXや兜BOXと同じように折ってもよい)

65ページの内箱2を差し込む。

③⑦ できあがり

★この折り方は、すべてのキャラクターBOXに応用することができます。

方・2

すじが入らないように折ってみましょう。よりすっ…す。

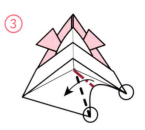

③ 途中図。○を合わせ、たわんだ部分を手前に倒して折る。

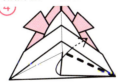

ひだを奥側に倒す。

⑤ できあがり
底の部分に折りすじがつかない。

小鳥BOX（ひよこBOX）
SMALL BIRD BOX

用紙 正方形 3枚（外箱2枚、内箱1枚）　写真 p.16　難しさ ★★

カラフルな紙でかわいらしく折ってください。小さい黄色の紙で折ると、ひよこBOXになります。76ページのニワトリBOXと組み合わせると楽しいですよ。

小鳥BOXは15センチぐらいの配色のよい紙3枚を使用します。
ひよこBOXはニワトリBOXの4分の1の大きさの黄色い紙3枚を使用します。

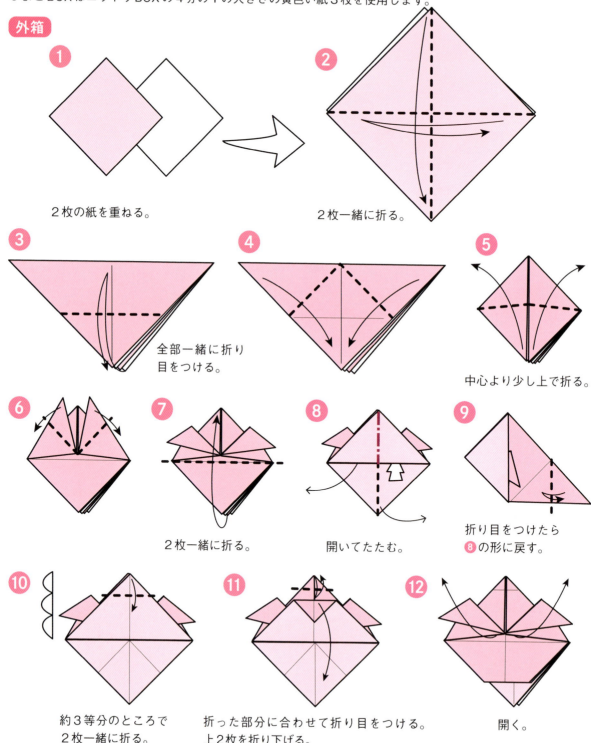

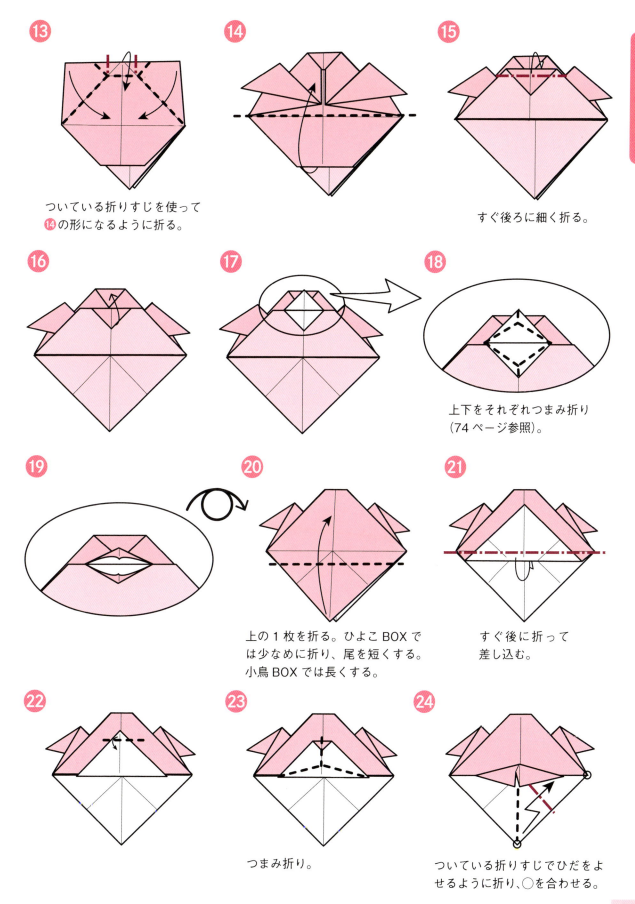

㉕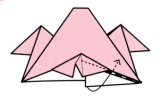
ひだをすき間に差し込む。
(㉔㉕は、ペンギンBOXや兜BOXと同じように折ってもよい)

㉖
65ページの内箱2を差し込む。

㉗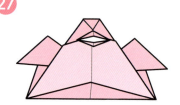
できあがり

COLUMN　つまみ折りのいろいろ

●キャラクターBOXのくちばしや尾は、次のような工程で折ります。

①
中心線まで折り目をつける。

②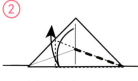
もう一方も同じに折る。

③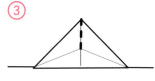
角をつまむように折る。

④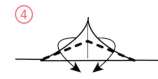

⑤
①②でつけた折りすじで折って立てる。

つまみ折りできあがり

●最初に折る角度で、できあがりの形が変わります。くちばしや尾の形を好みで作ることができます。

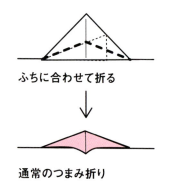
ふちに合わせて折る
↓
通常のつまみ折り

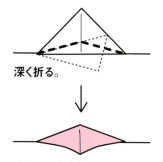
深く折る。
↓
大きなつまみ折り
(ペンギン、ニワトリのくちばし、小鳥の尾など)

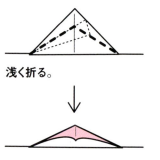
浅く折る。
↓
小さなつまみ折り
(小鳥、ひよこのくちばしなど)

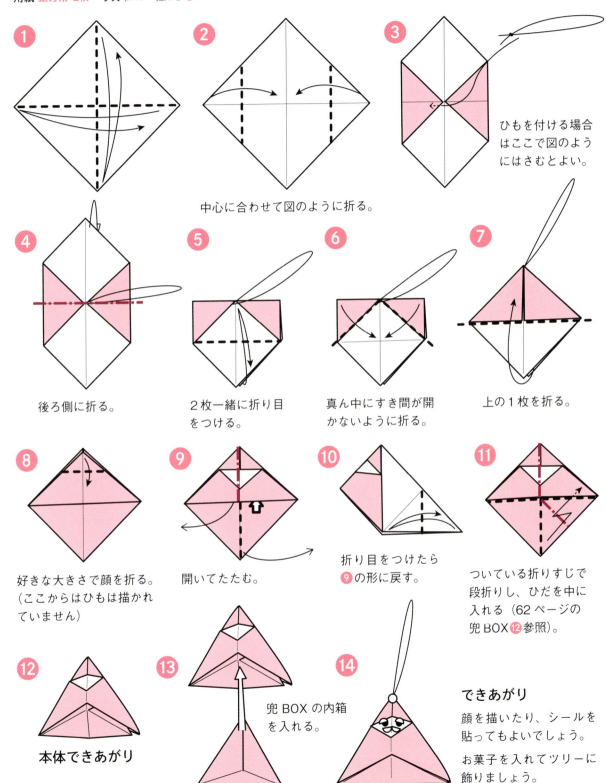

ニワトリBOX
HEN BOX

用紙 正方形 3枚（外箱2枚、内箱1枚）　写真 p.17　難しさ ★★★

パンダBOXと同じく外箱を2枚重ねで折りますが、紙を合わせる向きが違うので気をつけてください。4分の1の紙でひよこBOXを折って入れるとかわいいですよ。空中で羽根をバタバタさせるとタマゴを産み落とします。コケーコココッ…。

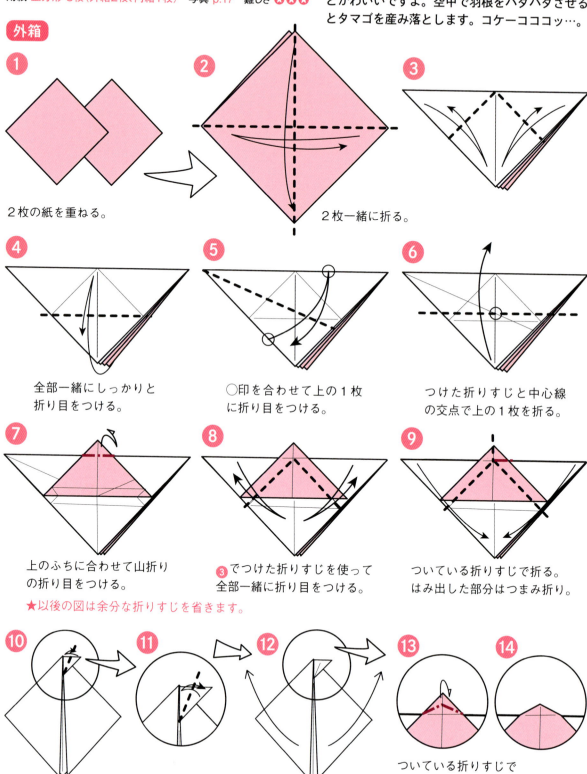

外箱

① 2枚の紙を重ねる。

② 2枚一緒に折る。

④ 全部一緒にしっかりと折り目をつける。

⑤ ○印を合わせて上の1枚に折り目をつける。

⑥ つけた折りすじと中心線の交点で上の1枚を折る。

⑦ 上のふちに合わせて山折りの折り目をつける。

⑧ ❸でつけた折りすじを使って全部一緒に折り目をつける。

⑨ ついている折りすじで折る。はみ出した部分はつまみ折り。

★以後の図は余分な折りすじを省きます。

⑩ 折りすじをつける。

⑫ 開く。

⑬ ついている折りすじで山折りにする。

76

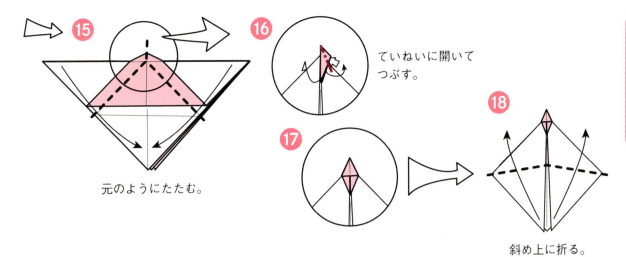

元のようにたたむ。

ていねいに開いてつぶす。

斜め上に折る。

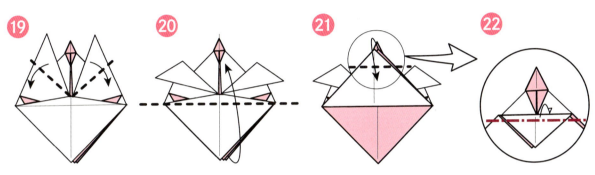

翼になる部分を好みの角度に折り下げる。

上の2枚を折る。

とさかの少し下あたりで2枚一緒に折る。

すぐ後ろに折る。

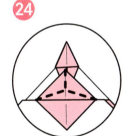

1枚を上に。

くちばしをつまみ折りする（74ページ参照）。

全体を開いてたたみ、62ページの兜BOXの⑩〜⑬と同じように折る。

兜BOXの内箱を入れる。

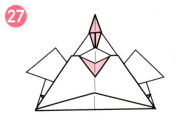

できあがり

いろいろな形の箱　VARIOUS SHAPES

WますBOX
DOUBLE MASU BOX

用紙 正方形 4枚（箱2枚、ふた2枚）　写真 p.18、19　難しさ ★

簡単に折れて使いやすい、長方形の箱です。しかも伸縮自在です。伝承のますを練習してから折りましょう。最初に2枚重ねて折ることで、紙の厚みによるズレを解消しています。❾で組み合わせる時、紙の向きに注意してください。

本体 ❶

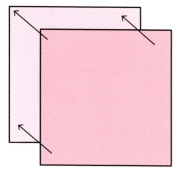

同じ大きさの2枚の正方形をぴったり重ねる。❷～❼まで、2枚一緒に折る。

❷

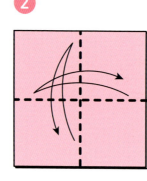

表を上にして、たてよこに折り目をつける。

❸

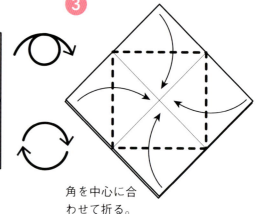

角を中心に合わせて折る。

❹

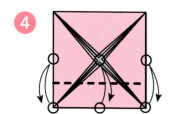

図の○同士を合わせて折る。

❺

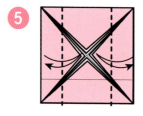

左右の2か所を❹と同じに折る。

❻

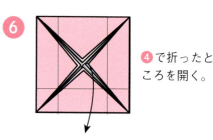

❹で折ったところを開く。

❼

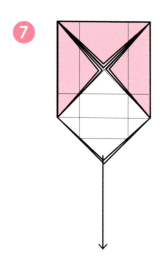

内側の紙を引き出す。

❽ ❾

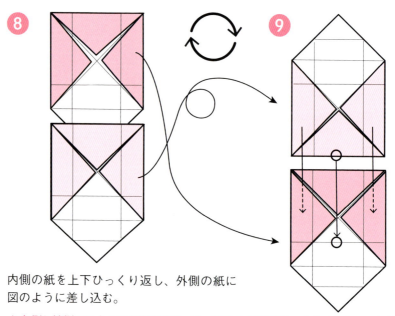

内側の紙を上下ひっくり返し、外側の紙に図のように差し込む。

★内側と外側では大きさが微妙に違っているので、間違えないように注意してください。

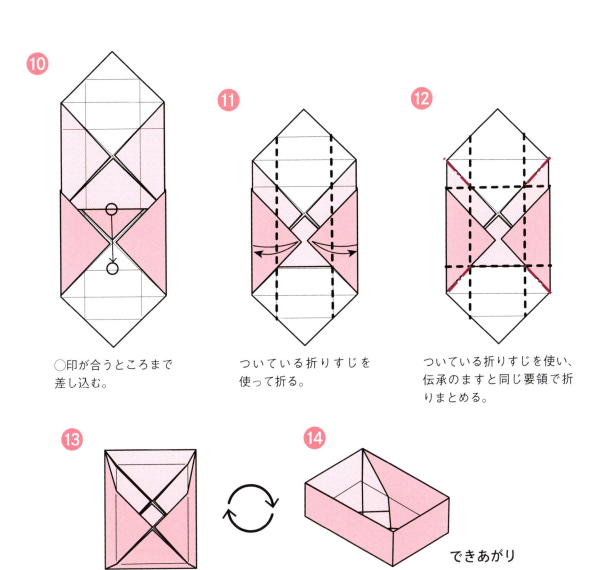

○印が合うところまで差し込む。

ついている折りすじを使って折る。

ついている折りすじを使い、伝承のますと同じ要領で折りまとめる。

できあがり

参考

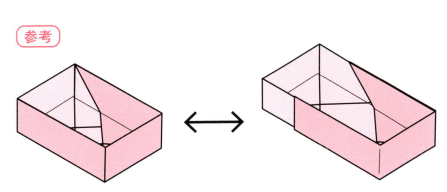

内箱を引っ張り出して、伸縮させることができます。

★最初の「ざぶとん基本形」を、33ページの余分な折り目のつかない折り方で折ると、ふたに折り目がつきません。

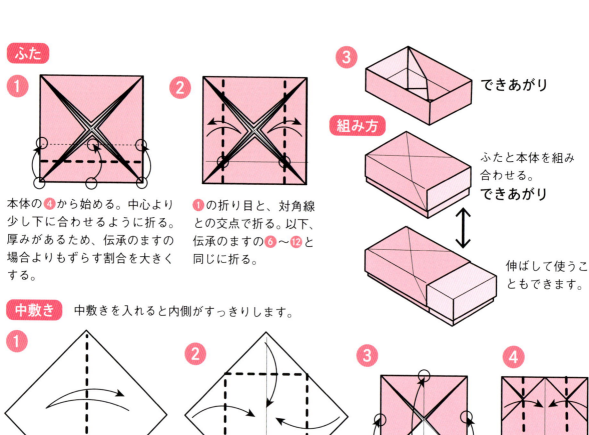

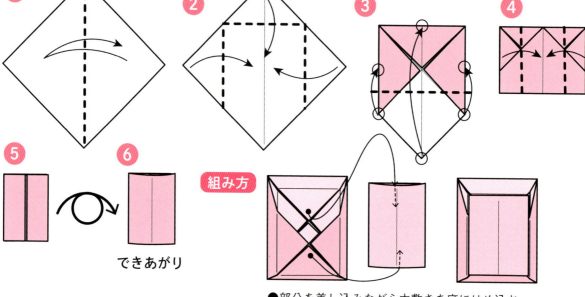

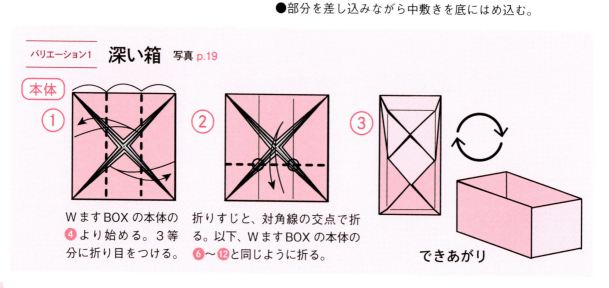

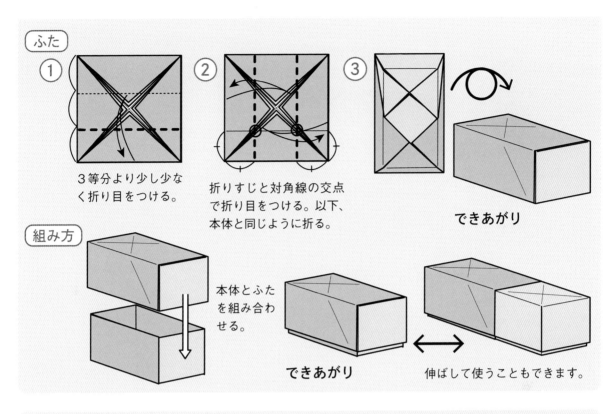

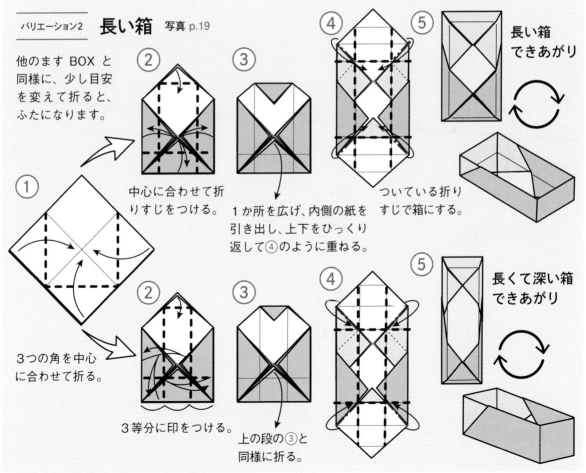

ポケットつきWますBOX
DOUBLE MASU BOX WITH POCKET

WますBOXのふたに、メモやメッセージカードが入るポケットがつきました。ポケット部分の配色や柄合わせを楽しみましょう。

用紙 正方形4枚（箱2枚、ふた2枚）　写真 p.19　難しさ ★★

ふた　★本体は、WますBOXと同じです。

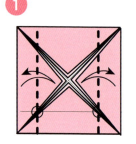

WますBOXのふたの❷からはじめる。

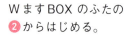

開く。

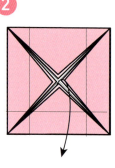

内側と外側を分ける。

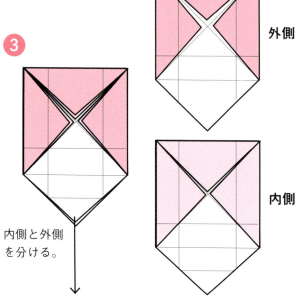

外側　内側

★内側と外側では大きさが微妙に違っているので、間違えないように注意してください。

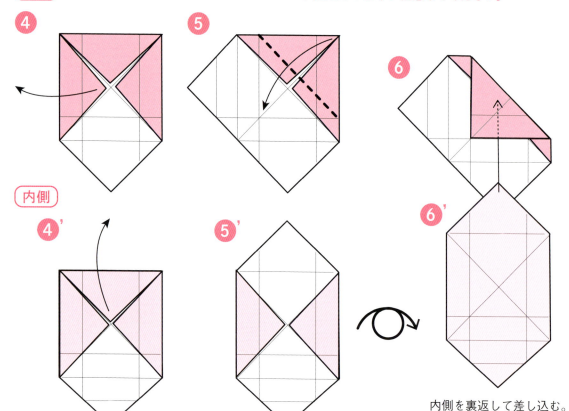

内側を裏返して差し込む。

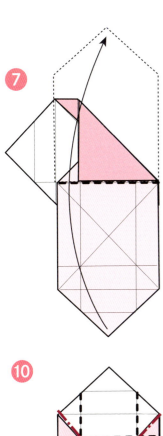
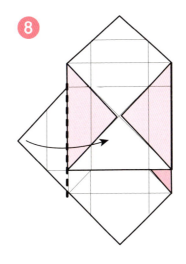
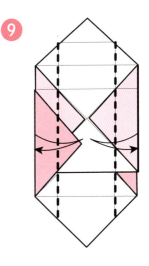

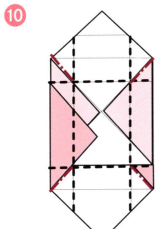

できあがり

★80ページの中敷きを入れると底がすっきりします。

★最初の「ざぶとん基本形」を、33ページの余分な折りすじの入らない折り方で折ると、ふたに折りすじがつきません。

伝承のますやWますBOXと同じ要領で折りまとめる。

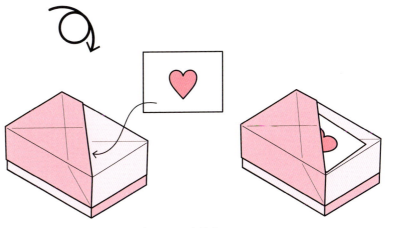

WますBOXの本体と組み合わせてください。
ふたのポケットに、メッセージカードなどが入ります。

引き出しBOX
DRAWER BOX

用紙 正方形 大小3種類、複数枚　写真 p.20　難しさ ★★

引き出しの箱も外側の箱も、伝承のますが基本となっていますので、まず、伝承のますをマスターしてから折りましょう。持ち手の部分を立体にするところでは、紙を持ち上げて横から見ながら折ってください。引き出しの段数は、好きなだけ増やすことができます。

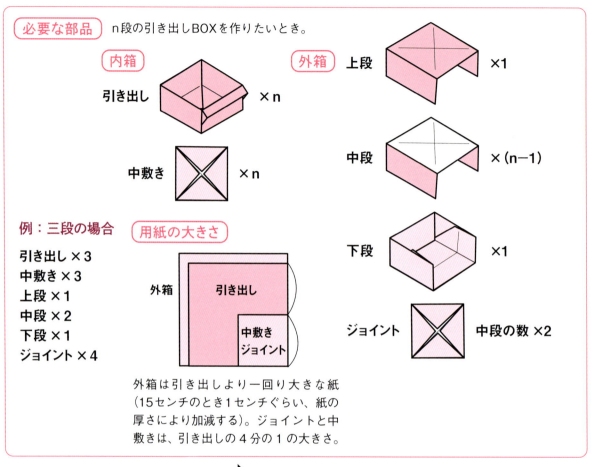

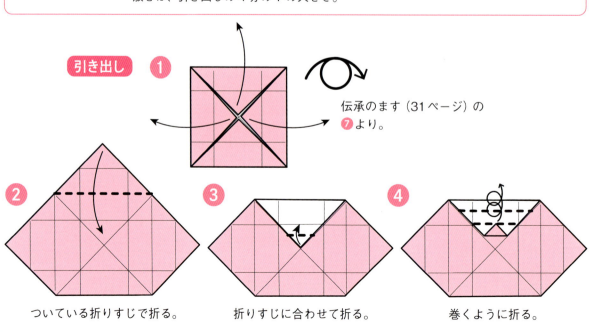

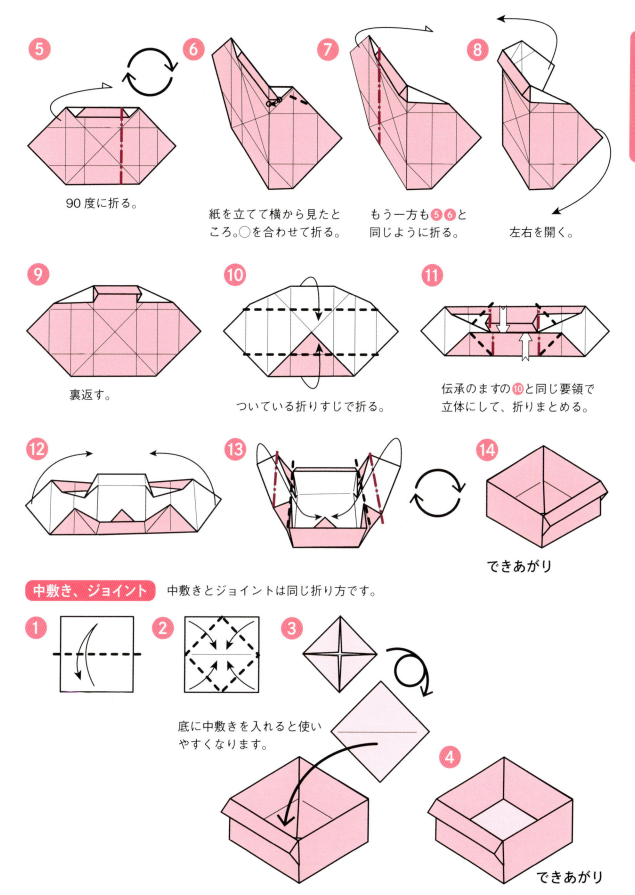

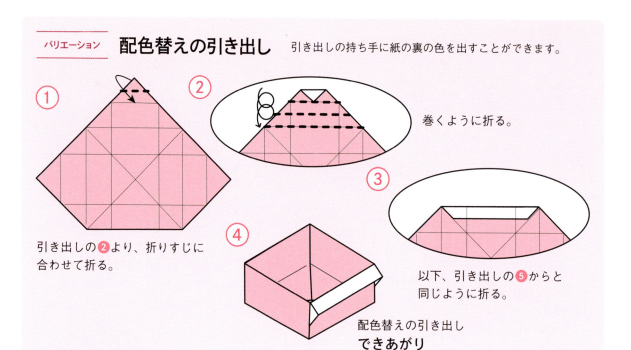

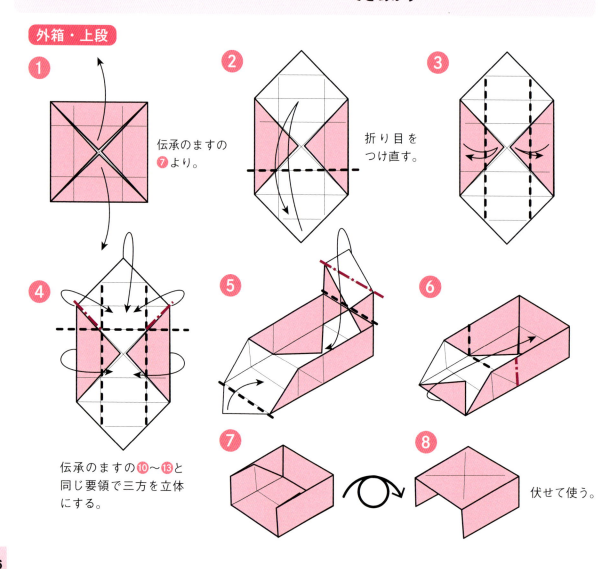

外箱・下段

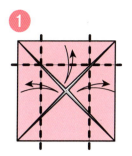

伝承のますの❸より。三方を中心に合わせて折り目をつける。

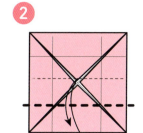

残りの1辺は、中心より少し向こう側に合わせて折り目をつける（15センチ角の用紙のとき5ミリぐらい。紙の厚さによっても加減する）。

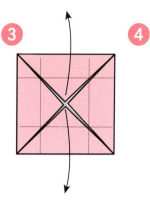

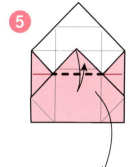

❷でつけた折りすじで折る。

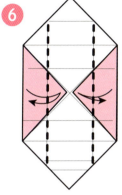

❶でつけた折りすじに合わせて折り目をつける。

外箱・上段の❸〜❼と同じに折る。

外箱・上段と比べて奥行きが浅い。

外箱・中段

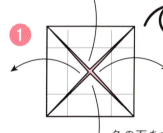

色の面を中にして、伝承のますの❼までと同じに折ったところから。

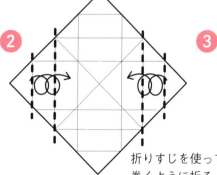

折りすじを使って、巻くように折る。

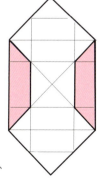

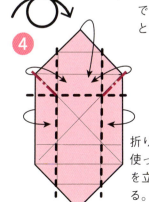

折りすじを使って三方を立体にする。

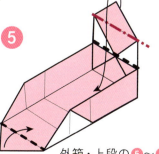

外箱・上段の❺〜❼と同じに折る。

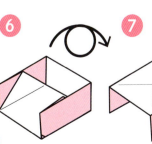

伏せて使う。

組み合わせ方・一段の引き出しBOX

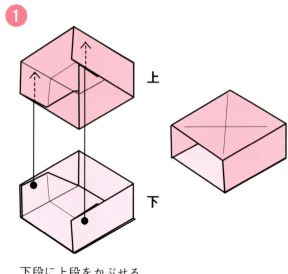

上
下

下段に上段をかぶせる。
差し込む場所に注意。

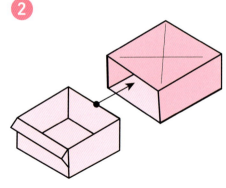

できた箱に、引き出しを差し込む。

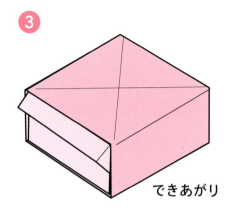

できあがり

組み合わせ方・二段、三段の引き出しBOX

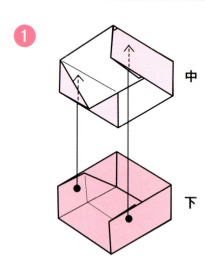

中
下

下段に中段をかぶせる。
差し込む場所に注意。

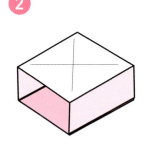

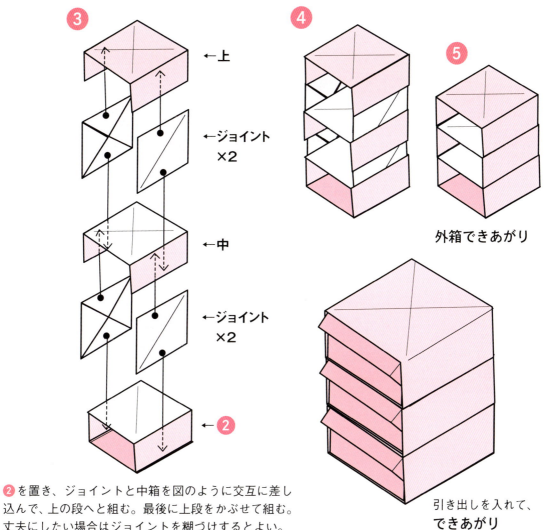

❷を置き、ジョイントと中箱を図のように交互に差し込んで、上の段へと組む。最後に上段をかぶせて組む。丈夫にしたい場合はジョイントを糊づけするとよい。

外箱できあがり

引き出しを入れて、**できあがり**

| バリエーション | **配色違いの組み合わせ方** |

外箱・下段×1、外箱・中段×3と、配色違いの引き出しを組み合わせると、1ページの写真のような配色になります。

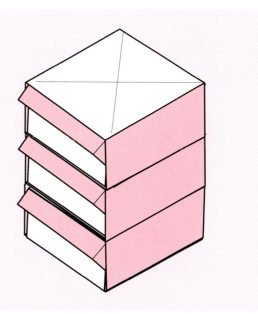

いろいろな形

富士山BOX
MT. FUJI BOX

用紙 正方形 2枚　写真 p.21　難しさ ★★★

雪の部分がふたになっています。噴火口のくぼみを作るのが少し難しいので、図をよく見て折ってください。タントなど、コシのある紙で折るとよいでしょう。

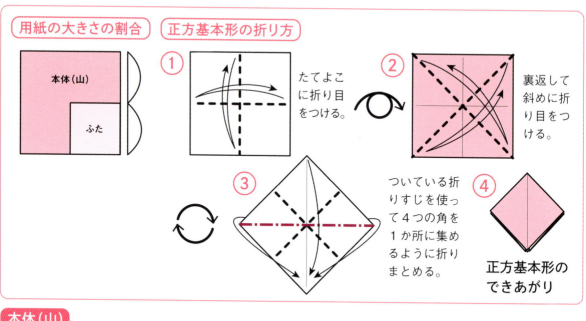

 本体(山)

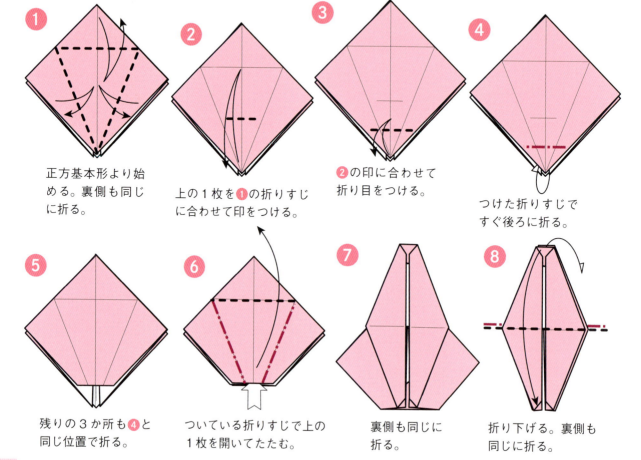

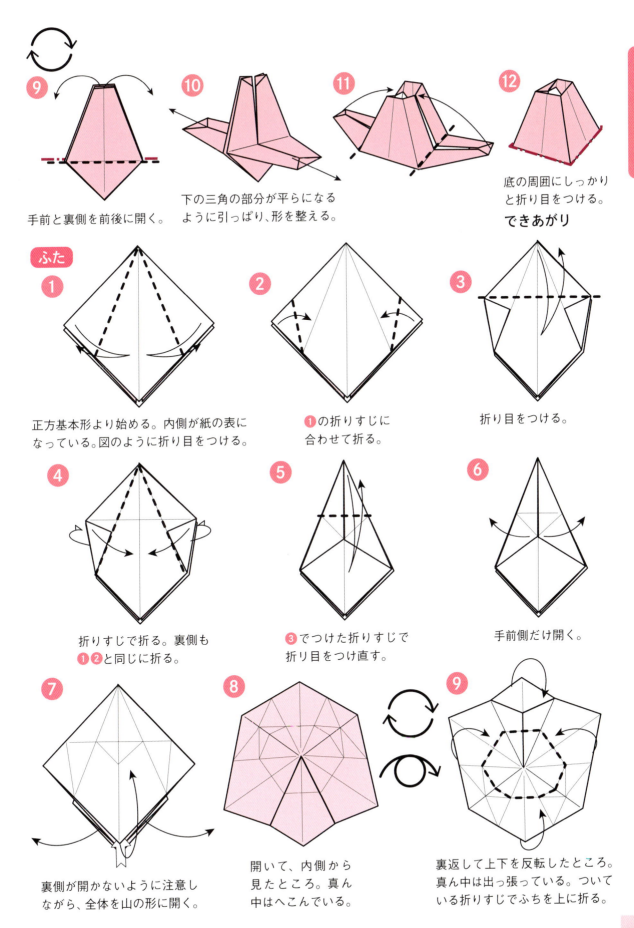

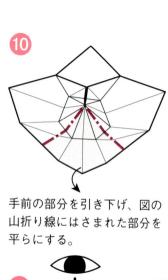
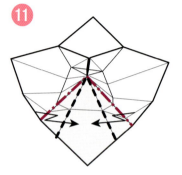

⑩ 手前の部分を引き下げ、図の山折り線にはさまれた部分を平らにする。

⑪ ついている折りすじでひだをよせて折る。

⑫ ひだをよせていくと、下の1枚が自然に上がってくるので、ついている折りすじで折り上げる。

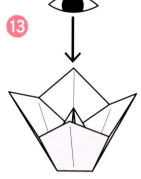

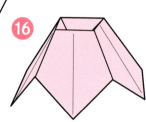

⑬ 折ったところ。次の図は上から見たところ。

⑭ ついている折りすじですぐ後ろに折って差し込む。

⑮ 折ったところ。

⑯ できあがり

組み方

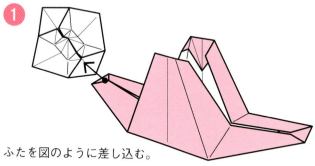

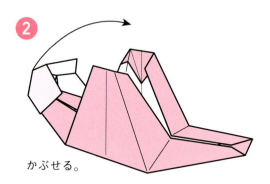

① ふたを図のように差し込む。

② かぶせる。

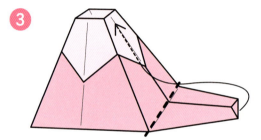
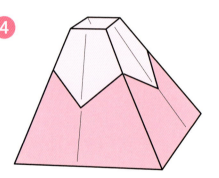

③ 残った辺をふたに差し込む。

④ できあがり

ハウスBOX
HOUSE BOX

用紙 長方形（A5,B6など）2枚　写真 p.22　難しさ ★★★

A5、B6などの、辺の縦横比が1：√2の同じ大きさの長方形用紙を2枚用いる。

本体とふたの寸法をぴったり合わせるには、きちんとした白銀比（1：√2、43ページ参照）の紙で折ることが大切です。日本で使われているコピー用紙や印刷物は、ほとんどこの比率の紙です。また、本体とふた、それぞれの❸の工程で、ぴったり合わせて折ることも大切です。

ふた

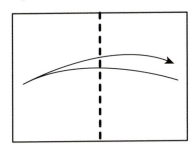

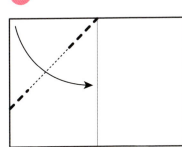
長い方のふちを、折りすじに合わせて折る。真ん中部分にはなるべく折り目をつけない。

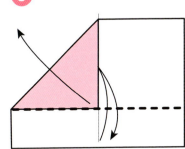
紙のふちにぴったり合わせて折り目をつけたら、全部開く。

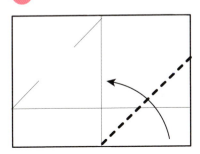
もう一方も❷❸と同様に折る。

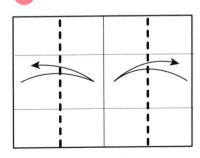
ふちを中心に合わせて折り目をつける。

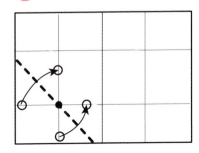
●を通る折り目で、○同士を合わせて折る。

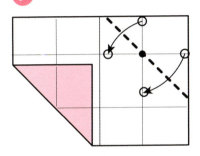
反対側も同じに折る。

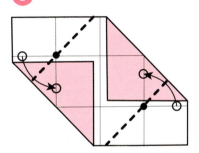
❻❼と同じように折る。

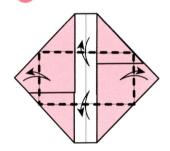
ついている折りすじで折り目をつける。

93

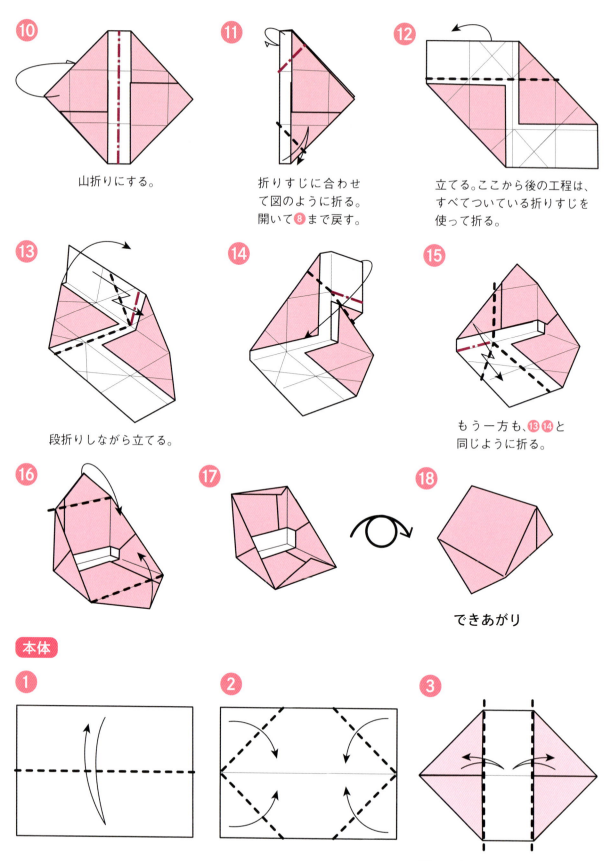

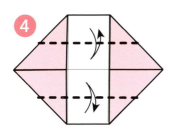
中心に合わせて折り目をつけたら全部開く。

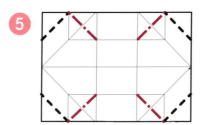
図のような折り目をつける。

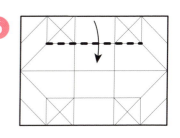
折りすじで折る。ふちの方はなるべく折り目をつけない。

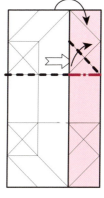
開いて立体にする。

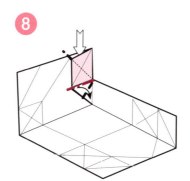
図のような折り目で開いてたたむ。

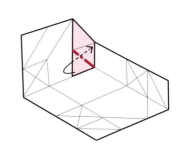
角を後ろに折り、後ろ側の三角の裏側に差し込む。

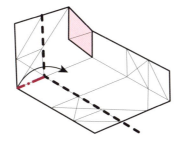
残りの3箇所も⑥～⑨と同じように折る。

できあがり

組み方

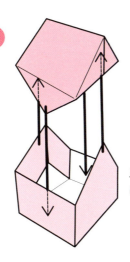
三角の部分を互いに差し込む。

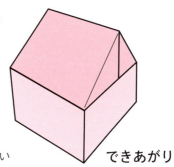
できあがり

ツリーBOX
TREE BOX

クリスマスツリーをイメージして作ったBOXです。
シールなどで飾りをつけてもいいですね。

用紙 正方形 3枚（本体1枚、ふた2枚）　写真 p.23　難しさ ★★★

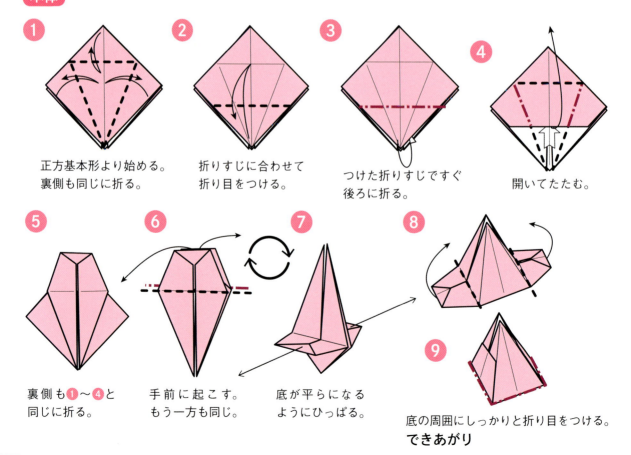

ふた（大）

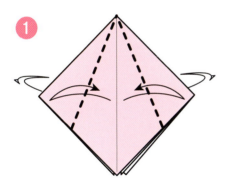

1. 正方基本形より、中心線に合わせて折り目をつける。

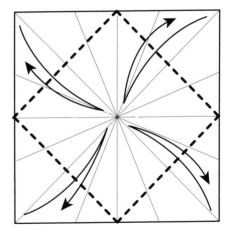

2. 開いて角を中心に合わせ折り目をつける。

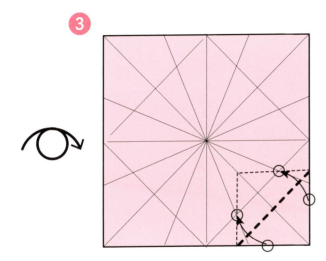

3. 図のようにふちを折りすじに合わせて折る。残りの3か所も同じに折る。

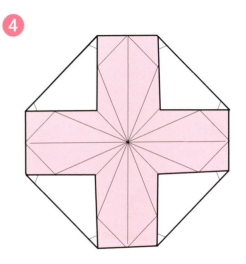

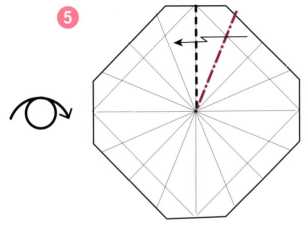

5. 中心を凹ませながら図のように段折りでひだを寄せる。

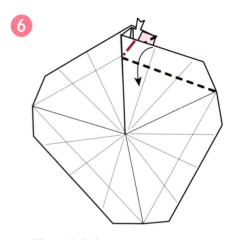

6. 開いてたたむ。

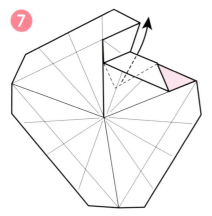
後ろの1枚を引き出す。

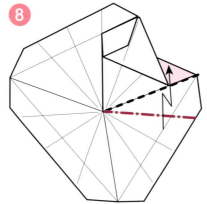
右隣も ❺〜❼ と同じに折る。
残りの2か所も同じに折る。

❽で最初に折った部分が下に
なっているので、上に引き出す。

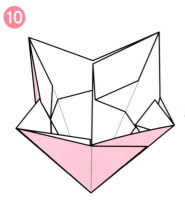

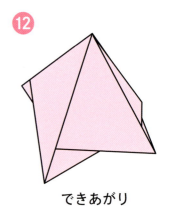
しっかりと折り目を
つけ形を整える。

できあがり

ふた（小） ふた（大）と同じ大きさの紙を使う。

 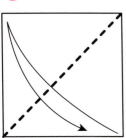
 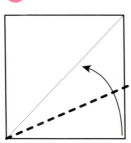
 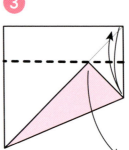
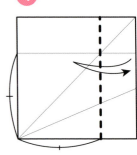

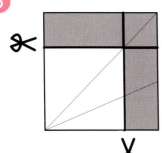

★切り取ったあとの1辺の長さは、
ふた（大）の用紙の1辺の長さ×0.7となります。

切り取った紙で、ふた（大）
と同じに折る。

できあがり

ふたの組み方

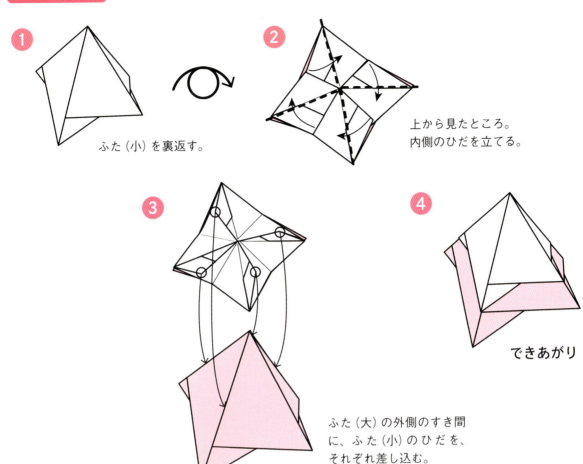

1. ふた（小）を裏返す。
2. 上から見たところ。内側のひだを立てる。
3. ふた（大）の外側のすき間に、ふた（小）のひだを、それぞれ差し込む。
4. できあがり

組み方

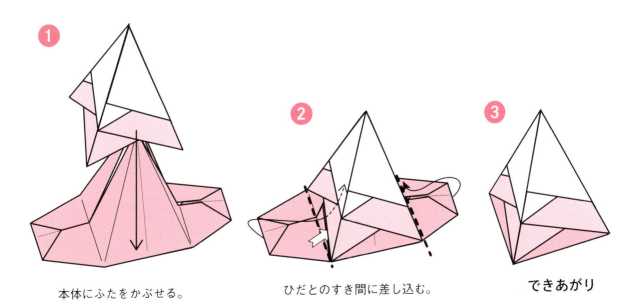

1. 本体にふたをかぶせる。
2. ひだとのすき間に差し込む。
3. できあがり

ハートBOX
HEART BOX

アッとびっくり、驚くような開け方の箱です。配色や柄合わせを楽しんでください。タントなど、コシのある紙が向いています。

用紙 正方形 2枚　写真 p.24　難しさ ★★★

ふた

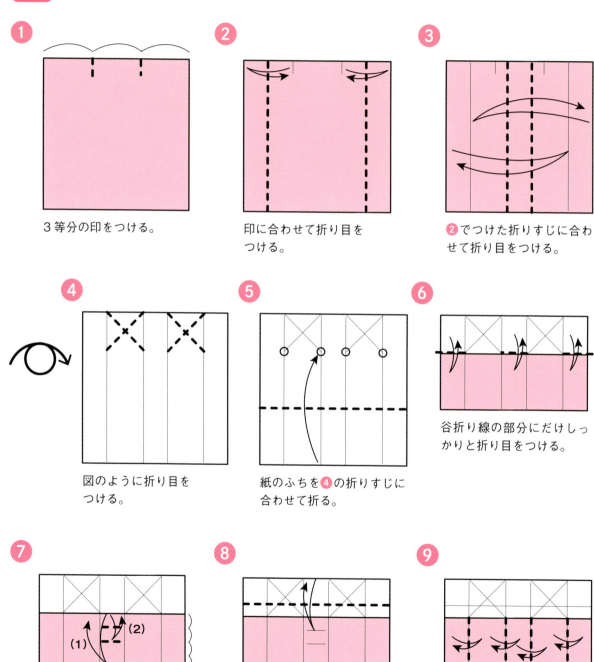

① 3等分の印をつける。

② 印に合わせて折り目をつける。

③ ❷でつけた折りすじに合わせて折り目をつける。

④ 図のように折り目をつける。

⑤ 紙のふちを❹の折りすじに合わせて折る。

⑥ 谷折り線の部分にだけしっかりと折り目をつける。

⑦ 上の1枚に、4分の1の印をつける。

⑧ 印に合わせて折り目をつける。

⑨ 図の折り線の部分にだけ折り目をつける。

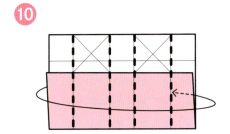
⑩
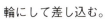
輪にして差し込む。

⑪
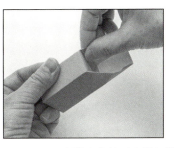
紙が重なっている側を、ついている折りすじで内側に倒す。

⑫
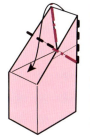
ついている折りすじで折る。

⑬

折りすじのところで折り目をつける。

⑭
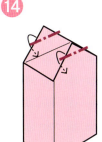
中割り折り。

⑮
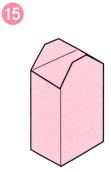
できあがり

本体

①
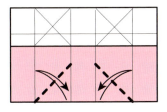
ふたの⑩より2枚一緒に折り目をつける。

②
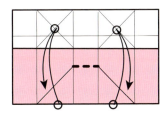
○印を合わせ、図の部分にだけ2枚一緒に折りすじをつける。つけたら全部開く。

③
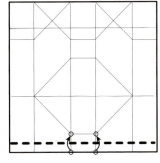
○印を合わせて折る。

④
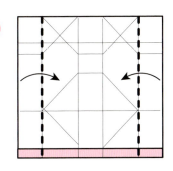
ついている折りすじで折る。

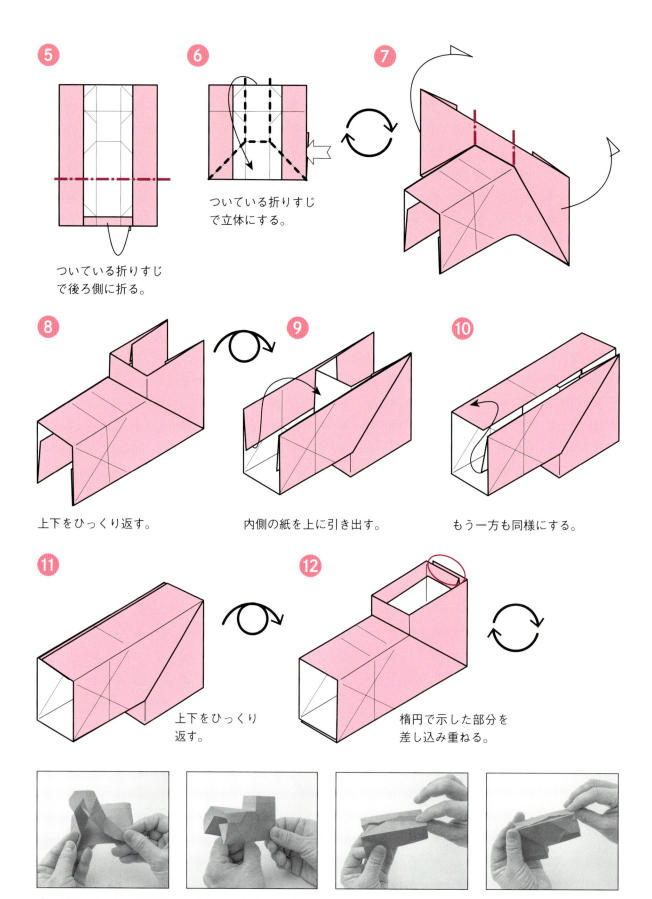

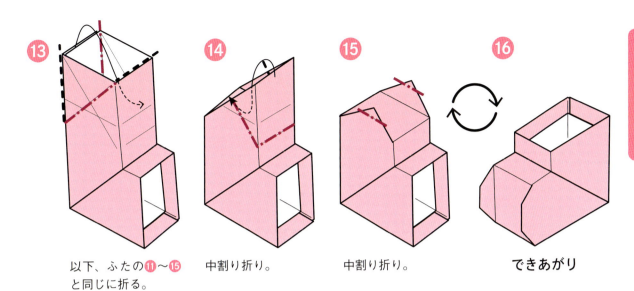

⑬ 以下、ふたの⑪〜⑮と同じに折る。

⑭ 中割り折り。

⑮ 中割り折り。

⑯ できあがり

組み方

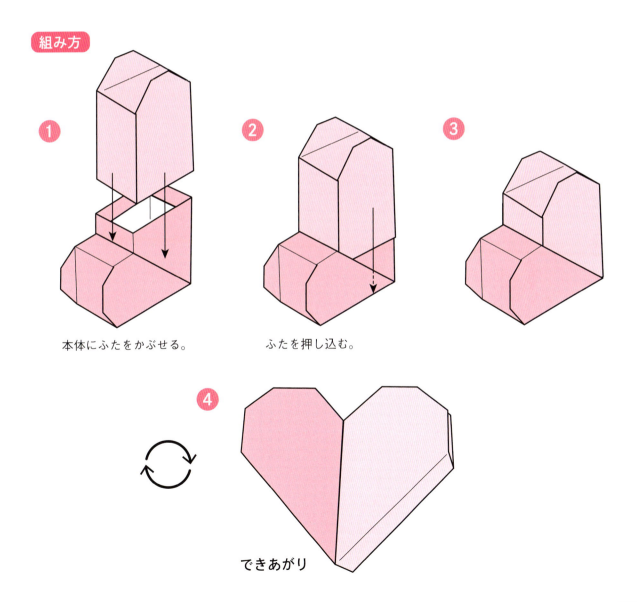

① 本体にふたをかぶせる。

② ふたを押し込む。

③

④ できあがり

いろいろな形

シェルBOX
SHELL BOX

用紙 正方形 1枚　写真 p.25　難しさ ★★

薄手で、適度な張りのある紙が向いています。シェルBOXは女の子に大人気。アクセサリーなどを入れてプレゼントしてみてはいかがでしょうか。

❶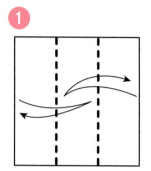
3等分に折り目をつける。

❷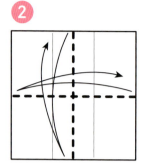

❸

❹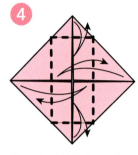
折りすじに合わせて折り目をつける。

❺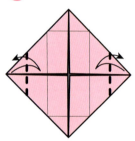
折り目をつけたら全部開く。

❻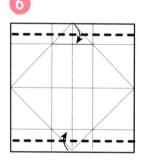

❼
2枚一緒に折り目をつける。裏側からつまむように折るとよい。折ったら全部開く。

❽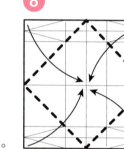

❾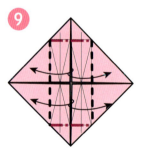
折りすじで開いてたたむ。

❿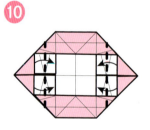

⓫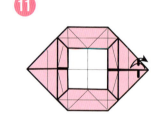

⓬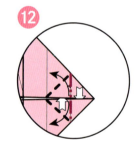
開いてたたむ。

⓭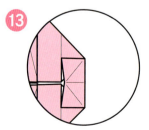
⓬でつけた折り目で開いてたたむ。折ったところ。もう一方も同じに折る。

⓮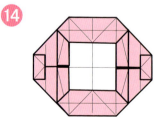
折ったところ。裏返す。

⓯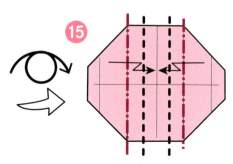
ついている折りすじをつまみ、中心線に合わせて折る。

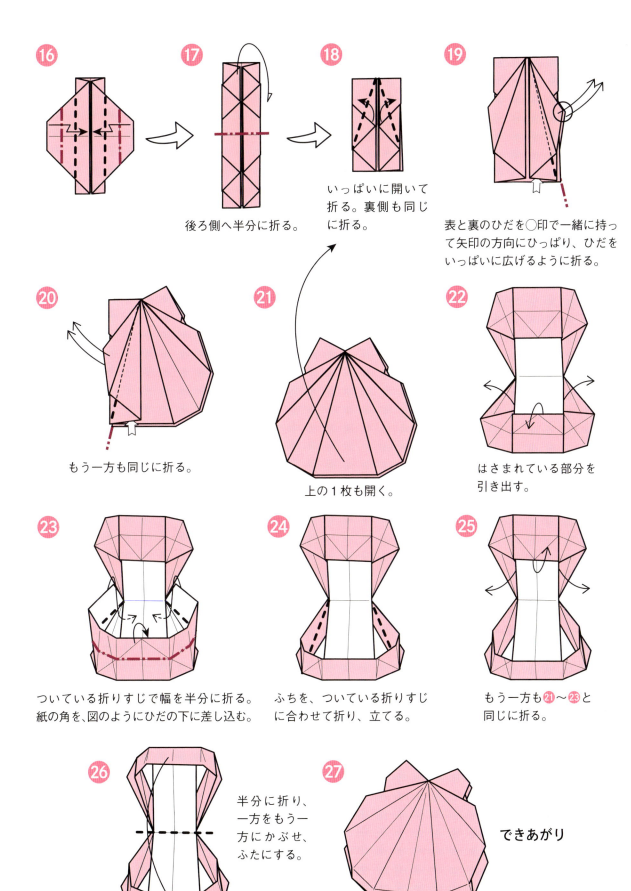

スターBOX（六角）
STAR BOX (HEXAGRAM)

用紙 正方形 2枚（正六角形に切る）　写真 p.26　難しさ ★★★

六角形のふたを取ると、パッと星の形が現れます。星の形の箱は珍しいですね。本体だけで星のお皿として使うのもよいでしょう。ふちに折り目を入れないように折ると、花のお皿にもなります。

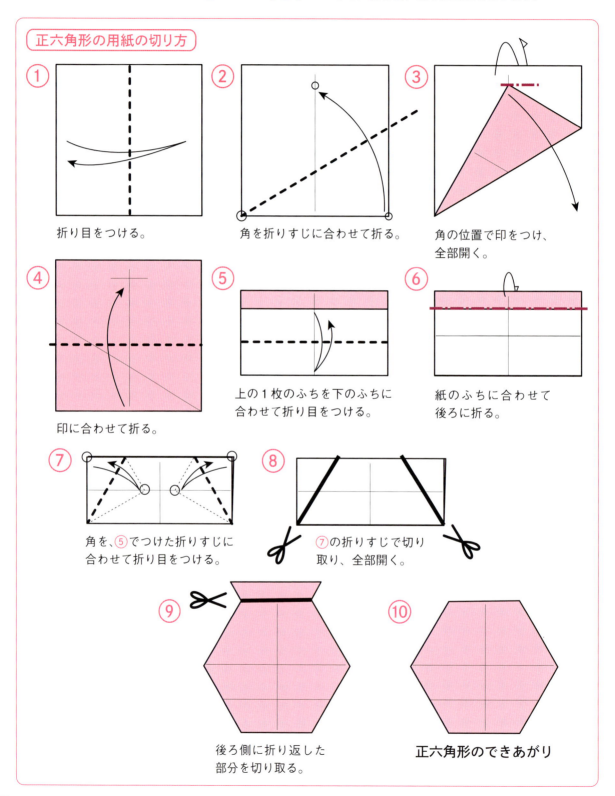

折り方

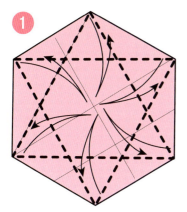

① 角を中心に合わせて折り目をつける。

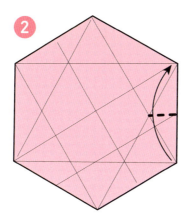

② 角を合わせ、図の折り線の部分にだけ折り目をつける。

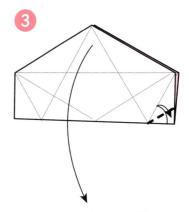

③ 折りすじに合わせて折り、元に戻す。他の辺も❷❸と同じに折る。

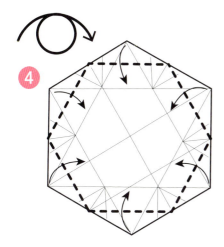

④ 折りすじを結ぶ線で折る。

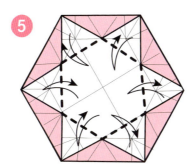

⑤ 折りすじを結ぶ線で折り、図の折り線の部分にだけ折り目をつける。

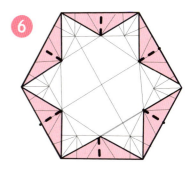

⑥ 角を合わせ、図の折り線の部分にだけ折り目をつける。

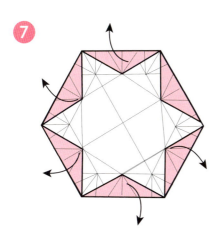

⑦ 1か所を残して開く。

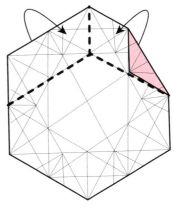

⑧ 図のように角をつまむようにして立て、立体にする。

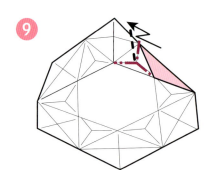

ついている折りすじで
ひだを寄せる。

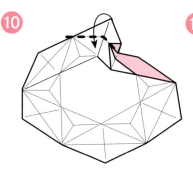

ついている折りすじで、❾の
ひだをくるむように折る。

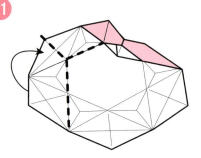

左隣の角を❽と同じに折る。

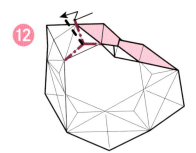

❾〜❿と同じに折る。
残りの4つの角も同じ。

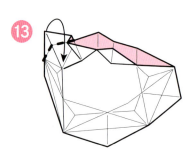

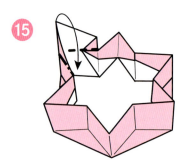

最後のひだを寄せたら、
下の角を開く。

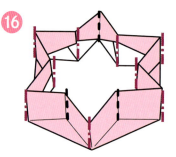

ついている折りすじで、
ひだをくるむように折る。

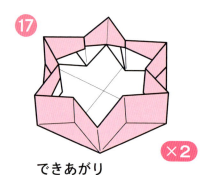

すべての折り山にしっかり
と折り目をつけ形を整える。

できあがり ×2

同じものをもう1つ作り、
ふたにする。

組み方

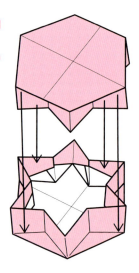

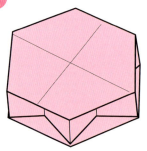

★ふんわりとした、
ふたになります。

花のお皿

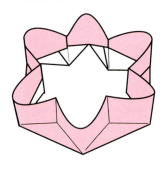

❻を折らず、外側の角を丸く仕
上げると花のお皿になります。

108

スターBOX（五角）
STAR BOX (PENTAGRAM)

用紙 正方形 2枚（正五角形に切る）　写真 p.26　難しさ ★★★

六角と五角では使う紙の形が違いますが、折り方は似ています。かわいい星型の箱に、金平糖などを入れてみましょうか。

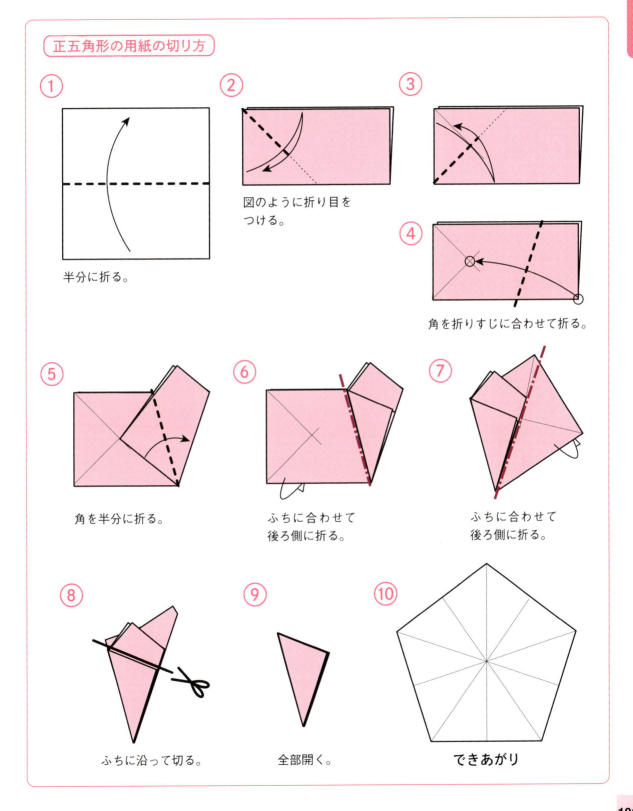

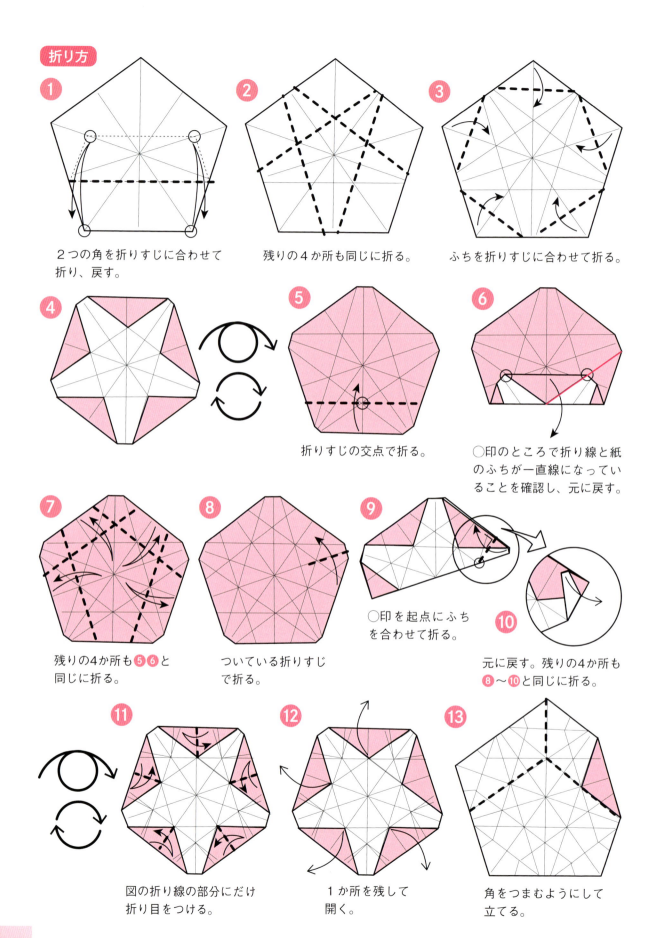

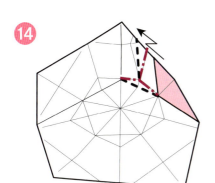

⑭ ついている折りすじを使ってひだを寄せる下の方は自然に手前にふくらむ（図は不要な折りすじを省いてあります）。

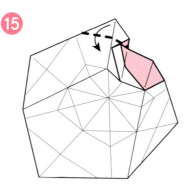

⑮ ついている折りすじで、⑭で折ったひだをくるむようにして折る。

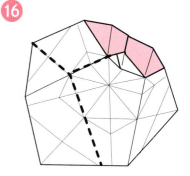

⑯ 左隣の角も⑬～⑮と同じに折る。残りの角も順に左隣へ同じように折る。

⑰ 最後の角を、スターBOX六角の⑭～⑯と同じようにまとめる。

できあがり

同じものをもう1つ作ってふたにする。

組み方

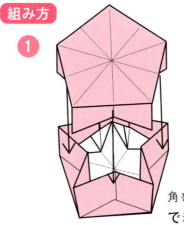

① ② 角を合わせながらふたをする。

できあがり

★ふんわりしたふたになります。

おわりに　CONCLUSION

　これまでにも本を出版したことはありますが、自分で描いた図が直接本になるのは初めてのことです。

　「自分で描いた図で、折紙の本を出したい」。そう思ってから、かれこれ20年以上もたってしまいました。子供をおんぶしながらパソコンを独習し、描画ソフトの扱い方がわからず挫折しかけ…。牛よりずっと遅い、ほとんど止まっているかのような歩みでしたが、どうにかゴールにたどり着くことができました。

　なまけ者の私の背中を、どーんと押して応援してくださった布施知子さん、本当にありがとうございました。どんな些細なことも相談に乗ってくださり、二人三脚でゴールまで引っ張ってくださった編集の川崎和美さん。作品をすばらしい写真に仕上げてくださったカメラマンの松岡伸一さん。見やすい素敵なレイアウトに仕上げてくださったデザイナーの茨木純人さん。その他、出版に携わってくださった皆様、応援してくださった皆様に、この場をお借りして厚く御礼申し上げます。

山梨明子

著者プロフィール

山梨明子（やまなし・あきこ）

1961年、岐阜県中津川市に生まれる。
物心ついたときから折り紙が好きで、1人で笠原邦彦氏の本などを見て折っていた。20代の頃、日本折紙協会の「月刊おりがみ」に掲載されていた子供たちの創作作品に刺激を受け、創作を始める。子育てをする傍ら創作と講師活動を続け、現在に至る。現在、日本折紙協会理事、日本折紙学会会員。著書に『親子でつくろう！遊べるおりがみ』（成美堂）、『親子で楽しむデザイン折り紙』（学研）がある。
静岡市在住。

［協力］

paper shop Teepee（ティピー）
静岡市駿河区国吉田 1-3-27　TEL. 054-659-5252　http://kamisenmonten.jp/

紙処 ますたけ
静岡市葵区呉服町 1-3-6　TEL. 054-254-4541　http://masutake.com/

> 本書の内容の一部あるいは全部を無断で複写複製（コピー）することは、法律で認められた場合を除き、著作者および出版社の権利の侵害となりますので、その場合は予め小社あて許諾を求めて下さい。

オリガミ・ボックス
かわいい！ 使える！ 不思議(ふしぎ)な箱(はこ)がいっぱい！

●定価はカバーに表示してあります

2016年2月20日　初版発行
2016年5月25日　2刷発行

著　者　山梨明子(やまなしあきこ)
発行者　川内長成
発行所　株式会社日貿出版社
東京都文京区本郷 5-2-2　〒113-0033
電話（03）5805-3303（代表）
FAX（03）5805-3307
振替　00180-3-18495

印刷　株式会社木元省美堂
写真撮影　松岡伸一
本文レイアウト・装丁　茨木純人
©2016 by Akiko Yamanashi / Printed in Japan
落丁・乱丁本はお取替えいたします。

ISBN978-4-8170-8219-0　http://www.nichibou.co.jp/